O MAR, O RIO E A TEMPESTADE
SOBRE HOMERO, ROSA E SHAKESPEARE

PEDRO SÜSSEKIND

TINTA-DA-CHINA
LISBOA · SÃO PAULO
MMXXIV

SUMÁRIO

Prefácio	6
Apresentação	8

ODISSEIA

A verdade proteiforme	12
As sereias e o narrador	44

REI LEAR

A redenção de Lear	70
O nada e a nossa condição	96

GRANDE SERTÃO: VEREDAS

Especulação de ideias: A filosofia do *Grande sertão*	122
Mistura de formas: A poética do *Grande sertão*	164

Notas	188
Bibliografia	199
Agradecimentos	207

Sobre o autor	209
Sobre a coleção	211

PREFÁCIO

Neste livro, somos convidados a uma viagem pelo mar de versos de Homero, pela tempestade da dramaturgia de Shakespeare e pelo rio de literatura de Guimarães Rosa. Entramos aí com a filosofia, desafiada por uma linguagem poética que "assumirá todas as formas conhecidas, de tudo o que se mexe na terra: até água e fogo ardente", conforme os versos da *Odisseia*.

Essa filosofia, nas leituras propostas por Pedro Süssekind, revela-se na presença de autores e doutrinas da tradição, como Burke e Kant sobre o sublime ou Adorno sobre o mito e a razão. Mas, sobretudo, revela-se na reflexividade da escrita.

Historicamente, acompanhamos três mundos: o antigo grego, o moderno inglês e o contemporâneo brasileiro. Süssekind combina contextos de época geográficos e políticos desses mundos às dimensões humanas, metafísicas e existenciais — o que permite apontar relações entre os autores.

A sequência cronológica dos clássicos analisados é acompanhada por uma intensidade crescente: o livro assenta um estilo ao ler Homero, arrisca uma interpretação criativa em Shakespeare, desponta em agudeza com Guimarães Rosa — em um processo cumulativo, embora preserve a autonomia de suas partes.

Süssekind segue uma abordagem especulativa sobre as obras singulares, sem prejuízo de sua recepção e da poética dos gêneros: o modo como lidam com a historicidade de sua forma — poesia, teatro ou romance; épico, dramático ou lírico.

Vale destacar, ainda, que o livro alia a análise autoral específica da *Odisseia*, de *Rei Lear* e de *Grande sertão: veredas* a um estudo de temas que, a partir de tais clássicos, têm interesse vital, como a verdade, a narrativa, o nada ou a coragem. É um exercício de crítica filosófica que usa a informação erudita para sublinhar como a literatura fala tanto de si e da linguagem quanto do mundo.

Com escrita sóbria, clara e atenta ao seu material, apresenta as obras de que trata e defende teses interpretativas originais, interessando assim tanto ao novo leitor quanto ao especialista. Navegando nessas águas da literatura, *O mar, o rio e a tempestade* destaca filosoficamente as formas que elas podem tomar em nossa leitura.

Pedro Duarte
Tatiana Salem Levy
coordenadores da coleção Ensaio Aberto

APRESENTAÇÃO

Pretendi discutir neste livro a relação entre literatura e filosofia a partir de quatro abordagens distintas, mas constantemente interconectadas. A primeira delas ressalta a *intertextualidade*, no sentido de identificar apropriações de temas e debates filosóficos em textos literários. A segunda remete à *história das ideias*, por incluir a contextualização das obras em sua época e a avaliação da temporalidade instaurada por elas. A terceira diz respeito à *história da recepção*, com as diferentes leituras que um texto ganha sob a perspectiva dos críticos que o examinam e atualizam desde a época em que ele foi escrito até o presente. Por fim, a quarta abordagem se baseia no problema da *forma de expressão do pensamento*, já que tomo a obra literária como instância de reflexão própria, e não como apresentação metafórica ou ilustrativa de questões teóricas.

Essa discussão filosófico-literária foi elaborada no decorrer de uma série de seis ensaios, organizados em três partes, que correspondem a três obras clássicas da literatura: a *Odisseia*, de Homero; *Rei Lear*, de Shakespeare; e *Grande sertão: veredas*, de Guimarães Rosa. As obras são tomadas como temas centrais de cada parte, composta sempre de dois ensaios

O MAR, O RIO E A TEMPESTADE

independentes, mas interligados. Seja de uma perspectiva temática, seja quanto ao modo de abordagem, há diversos pontos de contato também entre os textos das diferentes partes.

Os dois ensaios dedicados à *Odisseia* discutem, respectivamente, a busca da verdade empreendida na Telemaquia e a forma de narração do episódio das sereias, tendo como principal referência a interpretação desse episódio na *Dialética do esclarecimento*, de Adorno e Horkheimer. A segunda parte é constituída por dois estudos de *Rei Lear* que extraem da peça questões históricas, matemáticas, antropológicas e filosóficas, além de questionar a problemática recepção dessa tragédia, que já foi renegada, considerada impossível de encenar e ao mesmo tempo avaliada como a obra-prima de Shakespeare. A terceira parte discute a presença da filosofia em *Grande sertão: veredas* e as questões suscitadas pela estrutura narrativa do romance. Os ensaios levam em conta a apropriação que Guimarães Rosa faz de temas tradicionais da filosofia e da literatura, o caráter indomável ou inclassificável desse livro modernista e super-regionalista brasileiro, assim como sua rica fortuna crítica.

Ao reunir esses textos, decidi seguir a cronologia das obras estudadas, uma antiga (*Odisseia*), uma moderna (*Rei Lear*) e uma contemporânea (*Grande sertão: veredas*), cronologia que, aliás, corresponde também à ordem da redação deles. Apenas a parte sobre a *Odisseia* é uma reelaboração, aliás muito modificada, de textos que publiquei antes, em periódicos acadêmicos brasileiros — "As metamorfoses de Proteu" (2015), "As sereias e o sublime" (2013) e "O narrador Ulisses" (2013). Usei esses textos como base para os ensaios novos, redigidos em 2022. As outras duas seções, sobre *Rei Lear* e sobre *Grande sertão: veredas*, são inéditas e foram escritas ao longo de 2023, tendo como base os cursos e as pesquisas que levei adiante desde 2020. Considero que a ordem das partes, e dos textos dentro delas, não é especialmente relevante, de modo que o leitor pode optar por respeitá-la, se assim preferir, seguindo a cronologia histórica, ou pode ler os ensaios como trabalhos independentes e começar pela parte ou texto que mais lhe interessar.

PARTE 1
ODISSEIA

A VERDADE PROTEIFORME

No sentido da poesia épica, a existência é um mar.
Walter Benjamin

AUSÊNCIA PRESENTE

Em linhas gerais, os quatro cantos que abrem a *Odisseia* têm como tema o desaparecimento de Ulisses, o único dos heróis da *Ilíada* que, mesmo tendo sobrevivido à guerra, ainda não voltou para casa. Esses cantos compõem a Telemaquia, história das aventuras de Telêmaco, filho do protagonista. Muitos estudiosos consideram essa história uma parte acrescentada posteriormente às duas outras que integram a epopeia: o poema mais antigo sobre o retorno de Ulisses e os cantos sobre sua vingança contra os pretendentes de Penélope.[1]

Na Telemaquia, a instabilidade gerada pela ausência do rei, dez anos após o final da Guerra de Troia, motiva os eventos que ocorrem na ilha de Ítaca. Porque ainda têm esperança do retorno, a esposa fiel tenta adiar indefinidamente sua escolha, e Telêmaco, o filho ainda jovem, reluta em tomar alguma atitude. Porque duvidam do retorno, vários pretendentes querem forçar Penélope a escolher um novo marido, que deverá assumir o governo. Esses homens gananciosos ocupam o palácio e dilapidam em banquetes, dia após dia, as riquezas do reino.

É nesse contexto que Palas Atena, divindade protetora de Ulisses, incita Telêmaco a buscar a longínqua informação que algum dos heróis da Guerra de Troia poderia dar acerca do paradeiro de seu pai. Seguindo as recomendações da deusa, ele viaja para encontrar Nestor e Menelau, que já retornaram para casa, e é recebido pelos dois reis com gestos de hospitalidade. Tanto em Pilos quanto em Esparta, a visita do príncipe desperta recordações que exaltam a glória do herói ausente.

É só no Canto IV, no final da viagem, e por uma via tortuosa, que Telêmaco chega a ter a notícia de que seu pai está vivo, retido pela ninfa Calipso. Apesar disso, a informação obtida pelo filho de Ulisses não é uma surpresa para o leitor, já que o poeta-narrador tinha anunciado no começo da *Odisseia*:

> *Nesse tempo, já todos quantos fugiram à morte escarpada*
> *se encontravam em casa, salvos da guerra e do mar.*
> *Só àquele, que tanto desejava regressar à mulher,*
> *Calipso, ninfa divina entre as deusas, retinha em côncavas grutas...*[2]

O trecho do Canto IV em que Menelau finalmente indica o paradeiro de Ulisses constitui, portanto, o resultado da Telemaquia, que entendo aqui como a narrativa do processo pelo qual um personagem passa para descobrir aquilo que os leitores do poema já sabem desde o início: a verdadeira situação do pai desaparecido.

A descoberta, por parte do personagem, de uma informação já antecipada me parece também um indício da dinâmica temporal que se repete nas epopeias de Homero, pois os feitos dos heróis são, muitas vezes, efetivações do que já era conhecido pelas divindades. Assim, o saber prévio não resulta apenas da construção da narrativa, com um poeta-narrador onisciente que faz antecipações, mas também de uma diferença fundamental entre personagens humanos e seres divinos. Fatos que são desconhecidos pelos homens, ou porque ainda não ocorreram, ou porque ocorrem em algum lugar distante, são conhecidos pelos deuses. Com isso, a descoberta do paradeiro de Ulisses por Telêmaco pode exemplificar também uma questão mais abrangente, de implicações filosóficas e religiosas: a maneira como uma verdade revelada apenas no plano divino chega a ser desvendada no plano humano.

ALÉTHEIA

As revelações sobre Ulisses no plano divino são anteriores à descrição daquilo que ocorre, entre os homens, como consequência de seu desconhecimento acerca da verdadeira situação do herói. O início da *Odisseia* mostra Zeus e Atena discutindo no Olimpo, durante uma assembleia da qual está ausente o deus do mar, Posêidon, cuja ira fez Ulisses "vaguear para longe da pátria". A deusa faz um lamento comovente sobre a condição do "desgraçado, que longe dos amigos se atormenta/ numa ilha rodeada de ondas no umbigo do mar", com "vontade de morrer".[3] Ela convence Zeus e as demais divindades presentes a concordar com o regresso de Ulisses, contrariando o soberano dos mares.

Considero que, quanto à relação entre o plano divino e o humano, a trama desenvolvida a partir de então, no início da *Odisseia*, mostra como o conhecimento disponível apenas aos deuses chega a ser descoberto por um mortal. Tendo essa questão em mente, a viagem de Telêmaco aparece como uma busca da verdade ou um processo de desvelamento, para recuperar a etimologia do termo grego *alétheia*.

Em *Os mestres da verdade na Grécia arcaica*, o historiador belga Marcel Detienne relembra que a noção grega de *alétheia* possui uma longa história, anterior a seu aparecimento no poema de Parmênides *Da natureza*, e à sua apropriação tanto pelos filósofos, voltada para o problema da relação entre a palavra e a realidade, quanto pelos sofistas, interessados no uso do discurso como instrumento de persuasão. Em sua consideração sobre essa pré-história da *alétheia* filosófica, portanto sobre a "significação pré-racional" da verdade, Detienne identifica um sistema de pensamento mítico-religioso no qual se destacam as figuras do poeta, do adivinho e do rei-juiz.[4]

Tanto a *Ilíada* quanto a *Odisseia* têm, em seus versos iniciais, invocações à Musa: "Canta, ó deusa, a cólera de Aquiles, o Pelida"; "Fala-me, Musa, do homem astuto que tanto vagueou".[5] Essa fórmula de abertura diz respeito à relação do poeta com a Memória, *Mnemosyne*, divindade titânica cuja união com Zeus deu origem às nove Musas. O saber de tudo que ocorreu no passado, perspectiva do narrador onisciente que conta, em terceira pessoa, os feitos de Aquiles ou de Ulisses, é fornecido pela Musa. Sem essa inspiração divina, ele nunca seria capaz de ter a memória de todos os acontecimentos que compõem a epopeia, como fica claro nesta passagem da *Ilíada*:

> Dizei-me agora, ó Musas que no Olimpo tendes vossas moradas —
> pois sois deusas, estais presentes e todas as coisas sabeis,
> ao passo que a nós chega apenas a fama e nada sabemos —,
> quem foram os comandantes dos Dânaos e seus reis.[6]

Há uma complementariedade entre a Musa e a Memória, duas potências religiosas que, na tradição homérica, dão à verdade (*alétheia*) poética sua significação profunda. Detienne chama a atenção para o estatuto religioso da memória, que é um elemento inseparável do canto épico. Em sua dupla função de celebrar os deuses e os feitos dos heróis, a narração poética pretende dizer a verdade no sentido de revelar aquele saber de todas as coisas atribuído às Musas. Mas se, em sua participação no plano divino, a *alétheia* se articula com a Memória, mãe das Musas, em sua relação com o plano humano ela se relaciona com o Esquecimento (*Léthe*), outra potência divina, que na mitologia grega é irmã da Noite (*Níx*). Como rememoração, a narrativa sobre os heróis é um canto de louvor que resgata e exalta sua glória, evitando que os feitos sejam esquecidos, velados pela obscuridade.

A palavra grega *alétheia*, mais bem traduzida por "desvelamento" do que por "verdade", significa nesse contexto a negação do esquecimento, *léthe*. A recuperação desse significado foi discutida também por Martin Heidegger, em textos dedicados ao questionamento da transposição do termo grego *alétheia* para o latino *veritas*. Desconstruindo a "concepção de há muito tradicional de verdade como correção, concordância entre proposição e coisa", o filósofo alemão aborda a significação poética e mítica de *alétheia* a fim de pensar a essência da verdade a partir de uma experiência fundamental e originária de desvelamento, na qual *léthe*, velamento ou esquecimento, mantém-se como uma condição de possibilidade.[7] Em "Alétheia", por exemplo, texto sobre um fragmento de Heráclito, Heidegger recorre a uma passagem da *Odisseia* em que Ulisses esconde suas lágrimas, a fim de exemplificar a experiência poética de uma vigência do encoberto ou de uma dinâmica de velamento e desvelamento.[8]

Segundo Detienne, o poeta arcaico é um "mestre da verdade", mas de uma verdade assertórica, que ninguém contesta ou contradiz. Assim, não se trata da concordância da proposição e de seu objeto, nem da concordância de um juízo com os outros juízos, nem de uma oposição à mentira, no sentido de estabelecer o verdadeiro e o falso. Com isso, "a única oposição significativa é a de *Alétheia* e de *Léthe*", e "nesse nível de pensamento, se o poeta está verdadeiramente inspirado, se seu verbo se funda sobre um dom de vidência, sua palavra tende a se identificar com a 'Verdade'".[9]

A associação entre a inspiração poética e o "dom da vidência" indica a segunda figura que o historiador destaca no sistema de pensamento mítico-religioso grego: o adivinho. A mântica, exercício profético da adivinhação, aparece nos cantos homéricos como intermediação entre o saber divino e o humano. Mas a passagem de um plano a outro, embora salve os homens de potências ameaçadoras e possibilite que heróis realizem seus feitos, tem um caráter ambíguo e arriscado, porque as tentativas humanas de controlar o destino podem levar a consequências catastróficas.

Para ilustrar esse tema, recorro a um exemplo do início da *Ilíada*, em que uma doença terrível causa a morte dos guerreiros no acampamento grego, e então o adivinho Calcas é convocado para explicar o motivo do castigo divino. O personagem é identificado como "de longe o melhor dos adivinhos", a quem cabe uma definição semelhante àquela que designa as Musas: "Todas as coisas ele sabia: as que são, as que serão e as que já foram".[10] Ora, a explicação de Calcas revela a verdade acerca da doença que dizimava os gregos: ela se devia à fúria de Apolo contra Agamêmnon, por ter desrespeitado o sacerdote Crises quando este viera resgatar a filha tomada como despojo de guerra. Esse conhecimento permite que os gregos se salvem, com a devolução de Criseida ao pai. Mas, por outro lado, a reparação exigida causa a ira de Aquiles, que é o tema inicial da *Ilíada*. Com isso, a revelação do adivinho faz Aquiles se retirar da guerra, provocando as batalhas e a morte de heróis narradas nos cantos seguintes.

Haveria uma equivalência, nesse contexto, entre verdade e memória, *alétheia* e *mnemosyne*: "No pensamento religioso, *Alétheia* é, como *Mnemosyne*, associada a experiências de mântica". A equivalência de significação entre ambas é clara, segundo Detienne, pois, assim como a memória, a verdade é compreendida como um "dom de vidência", uma "onisciência que engloba passado, presente e futuro".[11] Essa definição aparece no capítulo "O ancião do mar", dedicado a Nereu, que na tradição mítica grega governa toda uma linhagem de divindades oraculares marinhas. A verdade revelada por deuses como Nereu ou Proteu, representantes do antigo saber profético que remete à fluidez e à infinitude do mar, provém do conhecimento de todas as coisas do passado, do presente e do futuro.

Mas "a *Alétheia* do Ancião do Mar não faz referência unicamente à sua potência mântica; ela subsume, igualmente, seu poder de 'nunca esquecer a equidade' e de 'ter somente pensamentos justos e benignos', ou seja, sua função de Justiça".[12] Com isso, o saber divinatório aparece associado à terceira figura do sistema de pensamento mítico-religioso da Grécia arcaica. Há muitas afinidades entre verdade e justiça, *Alétheia* e *Díke*, bem documentadas pela mitologia grega. No mundo de Homero e Hesíodo, essa associação é tão natural que este define a *Alétheia* como as "coisas da *Díke*", as *dikaia*. "Fundamentalmente", afirma Detienne, "sua potência é a mesma da *Díke*: a *Alétheia* 'que conhece todas as coisas divinas, o presente e o futuro' responde à *Díke* 'que conhece em silêncio o que vai acontecer e o que já se passou'."[13]

Como aplicação da justiça, dizer a verdade consiste em pronunciar um juízo correto, um *veredito*, a respeito de um acontecimento, estabelecendo assim as consequências dele. O que o juiz define como consequência de uma ação passada determina o que acontecerá no futuro. Na Grécia arcaica, como ocorrerá depois nas monarquias absolutistas da Europa medieval, essa função cabia aos reis, que deviam julgar os casos trazidos a eles por seus vassalos. A tradição mítica por trás da construção dessa ideia de soberania inclui vários exemplos em que, como no início da *Ilíada*, os reis precisavam consultar adivinhos para, a partir da revelação do conhecimento divino, até então oculto, decidir o que fazer.

Nesse sistema de pensamento, portanto, a noção de verdade implicava a articulação entre poesia, mântica e justiça, correspondendo às funções sociais do aedo, do adivinho e do rei-juiz. Mas, como rememoração daquilo que corre o risco de desaparecer sob o véu do esquecimento, ou como desvelamento de um saber divino, a verdade era uma potência ambivalente, positiva e negativa. Para um povo costeiro, cujos costumes dependiam profundamente do mar e das navegações, divindades como Nereu e Proteu apareciam como responsáveis por outorgar uma justiça original, baseada no conhecimento divino. Só que esses deuses marinhos detentores do saber oracular são tipicamente deuses-enigmas, que assumem múltiplas formas quando um homem tenta capturá-los para extrair deles algum conhecimento.

A partir das considerações de Detienne, lembro que foi uma reflexão sobre a genealogia do conceito ocidental de verdade que levou Friedrich Nietzsche a escrever, em *Sobre verdade e mentira*: "O que é, pois, a verdade? Um exército móvel de metáforas, metonímias, antropomorfismos...".[14]

A ATUAÇÃO DE ATENA

Na *Odisseia*, o percurso tortuoso de descoberta da verdade sobre o paradeiro de Ulisses tem início com um plano elaborado por Atena. Depois de advogar em favor de seu protegido no Olimpo, ela anuncia a intenção de ir para Ítaca, a fim de insuflar coragem no filho do herói. Para realizar esse plano, assume a forma de um homem, Mentes, soberano dos Táfios, que será recebido por Telêmaco com a hospitalidade devida a um estrangeiro. Disfarçada, a deusa diz a verdade (aquilo que o poeta-narrador contara antes) quando tem a oportunidade de conversar com o príncipe: "Pois não desapareceu da terra o divino Ulisses,/ mas vive ainda, retido no vasto mar,/ numa ilha rodeada de ondas [...]". Para complementar essa revelação, ela oferece uma profecia igualmente verídica, segundo a qual Ulisses, "como é de muitos engenhos", conseguirá regressar em breve.

No entanto, assim como a deusa se disfarça de homem, também suas revelações são como que disfarçadas. Isso porque, para Telêmaco, é Mentes quem as profere, e o discurso tem a aparência do conhecimento humano, no qual a verdade está cercada de incertezas. O estrangeiro diz, por exemplo, que Ulisses está retido numa ilha "onde homens cruéis, selvagens, o prendem contra a sua vontade", uma falsidade que Atena mistura à revelação verídica. A promessa do retorno tem a função de animar Telêmaco a buscar notícias, mas a resposta dele evidencia como é difícil, após tantos anos de espera, sofrendo com os excessos dos pretendentes e a ausência do pai, acreditar que este ainda pode retornar. O príncipe diz a seu interlocutor:

> Esteve esta casa outrora para ser rica e honrada,
> enquanto entre seu povo permanecia aquele homem.
> Agora decidiram de outro modo os deuses desfavoráveis,
> que invisível o fizeram, o mais invisível dentre os homens.
> Pois pela sua morte não haveria eu de tanto me entristecer,
> se com os camaradas de armas em Troia morresse,
> ou nos braços de amigos, atados os fios da guerra.[15]

Toda a viagem que Atena encoraja Telêmaco a fazer, e que será narrada do segundo ao Canto IV da *Odisseia*, no fundo é um caminho em busca da confirmação daquelas revelações indicadas no discurso de Mentes a respeito do "mais invisível dentre os homens". Seria o caso de especular, então, por que Atena não aparece em sua forma divina para revelar a verdade, que assim, vinda de uma deusa, seria muito mais convincente. Se a *Odisseia* tem início com a vontade da deusa de não ver mais seu herói favorito sofrer e de lhe conceder a glória devida, a maneira de agir dela tem consequências problemáticas.[16] Por meio de sua intervenção disfarçada em forma humana, ela leva Telêmaco não só a se afastar de Ítaca quando Ulisses está tentando retornar, como também a fazer uma viagem perigosa que o expõe a um plano dos pretendentes para matá-lo. Ela também liberta Ulisses da ilha de Ogígia, por meio da intervenção de Hermes, enviado de Zeus, mas com isso o expõe à ira de Posêidon, que faz o herói naufragar e ficar à deriva até conseguir alcançar a ilha dos Feácios.[17] O resultado final da viagem narrada nos cantos iniciais da *Odisseia* aparece apenas no Canto XIII, quando Ulisses, depois desse último naufrágio e da narrativa dirigida à corte feácia de toda a história de suas desventuras, finalmente chega a Ítaca.

Assim, o disfarce que Atena adota no Canto I para abordar Telêmaco teria a função de desencadear, no nível humano, acontecimentos que preparam o regresso de Ulisses. Mas a deusa precisa não só dar conselhos, como também intervir constantemente nos eventos que fazem parte de seu plano. No Canto II, por exemplo, depois que Telêmaco propõe em assembleia fazer a viagem sugerida por Mentes, e os pretendentes contra-argumentam que Ulisses está morto, a deusa assume outra forma humana. Dessa vez, ela aparece semelhante "no corpo e na voz" a Mentor, um antigo companheiro de Ulisses. Sob essa forma, acompanhará Telêmaco a partir de então, no papel de um sábio conselheiro que o encoraja e instrui. Mas também adota a forma do próprio Telêmaco e percorre a cidade para convocar companheiros e providenciar uma embarcação que ela mesma arrasta para o mar e equipa. Em seguida, vai até o palácio e derrama o "doce sono" sobre os pretendentes, impedindo que atuem contra seu protegido.[18]

A adoção da forma humana por Atena seria uma espécie de disfarce, já que seu interlocutor a princípio pensa estar falando não com a deusa, e sim com um homem, como Mentes ou Mentor. No entanto, os encontros com Telêmaco evidenciam que essa maneira de atuar é ambivalente, já que as falas sob a forma humana são seguidas por sinais da presença divina. A mesma fórmula se repete: depois de falar, Atena se transforma em ave e voa em direção ao céu. Isso ocorre pela primeira vez quando ela recomenda a viagem em busca de notícias, no Canto I. Telêmaco pensa estar falando com Mentes, que diz ter notícias a respeito de seu pai, mas quando a conversa se encerra a "deusa de olhos esverdeados" parte, "voando como uma ave para o céu", de modo que seu interlocutor, espantado, fica sabendo que se tratava de uma divindade.[19] Por saber disso, no Canto II Telêmaco invoca Atena por meio de uma prece: "Ouve-me, tu que como um deus visitaste ontem/ a nossa casa e me ordenaste ir numa nau sobre/ o mar brumoso para me informar sobre o regresso/ de meu pai há muito desaparecido".[20] Essa passagem me parece ressaltar características das relações que se estabelecem, nos poemas homéricos, entre os deuses e os homens, ou entre o conhecimento humano e o conhecimento divino.

A FORMA DIVINA

No mundo homérico, os deuses não costumam aparecer para os homens em seu esplendor, nem deixar que eles percebam toda a verdade. Como observa Antonio Dourado Lopes, há "múltiplas nuances" na intervenção divina, já que um deus pode assumir a forma de um herói ausente, ou de um pássaro, ou se manifestar apenas parcialmente, ou ter os detalhes de sua aparição omitidos pelo narrador.[21] O comentário remete ao que Jean-Pierre Vernant chamou de "paradoxo do corpo divino": a ideia de que uma divindade imortal, para aparecer aos mortais, precisa deixar de ser ela mesma. O corpo divino não pode se mostrar tal como é, com todo o brilho de uma potência que ultrapassa as múltiplas formas mortais (humanas e animais) que ele pode tomar.[22]

Assim, os encontros de Atena com os mortais na *Odisseia* normalmente se dão de modo indireto, com a adoção de uma forma humana específica. Mas há pelo menos uma exceção notável e relevante, que indica o privilégio do herói, protegido dos deuses. Trata-se do encontro entre Atena e Ulisses, na ocasião de sua chegada a Ítaca. Segundo Jenny Strauss Clay, esse encontro não só constitui "a mais extensa conversa entre um deus e um mortal na épica homérica", como também teve seu charme e humor frequentemente elogiados, a ponto de um crítico, Walter Morris Hart, comparar a sofisticação do diálogo cômico dessa passagem com cenas de peças de Shakespeare.[23]

No encontro de Ulisses e Atena, a deusa inicialmente se disfarça de um jovem pastor, primeira pessoa que o herói encontra em Ítaca. Mas, depois de ver seu interlocutor inventar uma história para esconder a própria identidade, ela se torna "uma mulher alta e bela, conhecedora dos mais gloriosos trabalhos" e se anuncia: "Mas tu não reconheceste Palas Atena,/ a filha de Zeus — eu que sempre/ em todos os trabalhos estou ao teu lado e por ti velo". O abandono da forma de pastor por *Atena*, justificado pela necessidade de atuar como divindade protetora, decorre de uma identificação entre os dois personagens, ambos caracterizados pela astúcia. São as mentiras usadas por Ulisses para que o pastor não o reconheça que levam a deusa a assumir sua forma feminina e dizer:

> *Homem teimoso, de variado pensamento, urdidor de enganos:*
> *nem na tua pátria estás disposto a abdicar dos dolos*
> *e dos discursos mentirosos, que no fundo te são queridos.*
> *Mas não falemos mais destas coisas, pois ambos somos*
> *versados em enganos: tu és de todos os mortais o melhor*
> *em conselho e em palavras; dos imortais, sou eu a mais famosa*
> *em argúcia proveitosa.*[24]

Atena faz questão de observar que seu protegido, o "urdidor de enganos de variado pensamento", não tinha sido capaz de reconhecê-la. Há, nesse caso, uma disputa entre a deusa e o herói que partilham a glória de serem os melhores em dolos e falsidades, ele o mais astucioso entre os homens; ela, entre as divindades.[25]

Para explicar por que não a reconhece, Ulisses responde: "Ao mortal que te encontre é difícil, ó deusa, reconhecer-te,/ por muito sabedor que seja; pois a tudo te assemelhas".[26] Avalio que a frase indica uma compreensão, por parte do herói, do modo de agir das divindades entre os homens. Escolhendo cuidadosamente as formas que assumem, recorrendo a ardis, elas intervêm para motivar determinadas ações no plano humano. Com isso, o conhecimento dos homens acerca das coisas que os seres divinos sabem é sempre parcial. As revelações do saber ou são intervenções planejadas pelos deuses, ou resultados de um difícil esforço que, seguindo conselhos divinos, faz-se necessário para descobrir a verdade onde ela se esconde.

O abandono do disfarce, no encontro de Atena com Ulisses, lembra um relato, feito por Menelau no Canto IV, que será o tema do final deste ensaio. Segundo Clay, durante seu próprio retorno para casa, o rei de Esparta "conseguiu forçar Proteu, o mestre da metamorfose, a retomar sua verdadeira forma".[27] A noção de metamorfose constitui, aliás, o mote principal de uma das mais importantes fontes de histórias mitológicas da tradição greco-latina, a obra-prima *As metamorfoses*, de Ovídio. A transfiguração dos corpos, tanto humanos quanto divinos, aparece nesse poema como princípio articulador dos episódios, conforme anuncia a primeira frase: "De formas mudadas em novos corpos leva-me/ o engenho a falar".[28] Há casos de seres humanos que são convertidos por potências divinas em animais, ou pedras, ou plantas, ou estrelas, mas há sobretudo uma sucessão de exemplos de divindades que assumem formas humanas, animais, vegetais ou minerais.

Na obra de Ovídio, embora os deuses em geral possam assumir diferentes formas, há certas divindades marinhas que se *caracterizam* pela extrema fluidez das suas transfigurações. As interações delas com os mortais repetem o tema da fixação de uma forma verdadeira, com traços humanos, apesar de todas as modificações sucessivas. É o que ocorre por exemplo na união de Peleu e Tétis, pais de Aquiles. Essa união, mencionada algumas vezes na *Ilíada*, é narrada em *As metamorfoses*: contando com a ajuda divina de Proteu, que lhe ensina como vencer os artifícios de Tétis, filha de Nereu, o pai de Aquiles amarra a deusa marinha e, mantendo-a presa, não se deixa enganar pelas "cem formas falsas" que ela assume (como a de ave, a de árvore e a de tigre), até que retome sua forma original de ninfa e, vencida, concorde em se unir a ele.[29]

Em episódio anterior, o poeta atribui o mesmo poder ao próprio conselheiro divino do herói, dirigindo-se a Proteu:

> *Há seres [...] cuja forma*
> *sofreu uma vez uma mutação e permaneceu nesse novo estado.*
> *Há, porém, seres a quem é permitido assumir muitas formas,*
> *como é teu caso, Proteu, que vives no mar que rodeia a terra.*
> *Pois, de facto, ora te viram de jovem mancebo, ora de leão;*
> *ora foste um javali feroz, ora uma serpente que todos*
> *receariam de tocar; por vezes, cornos fizeram-te um touro;*
> *tanta vez podias parecer rocha, tanta vez também árvore,*
> *e umas vezes, imitando o aspecto das límpidas águas,*
> *foste um rio, outras vezes foste fogo, o oposto da água.*[30]

A fonte para essa passagem é justamente o episódio do encontro de Menelau com Proteu, que aparece no Canto IV da *Odisseia*, no decorrer do relato feito pelo herói para, finalmente, revelar a Telêmaco o paradeiro de seu pai.

O HERÓI COMO NARRADOR

A dinâmica temporal da revelação que ocorre no final da Telemaquia é recorrente na *Odisseia*: quando o personagem (nesse caso, Telêmaco) realiza sua intenção, o acontecimento (a descoberta do paradeiro de seu pai) não constitui uma surpresa. Trata-se da efetivação daquilo que fora previsto pelo narrador e antecipado nas falas dos deuses.

A riqueza das ações que se interpõem entre a antecipação e a efetivação pode indicar um dos traços característicos da poesia homérica: o retardamento da ação principal. Esse tema foi objeto do estudo célebre de Erich Auerbach, que recorreu ao episódio da cicatriz de Ulisses, no Canto XIX, para discutir a função das interpolações que suspendem a ação principal. O estudo pôs em xeque a leitura tradicional que atribuía a esse recurso narrativo uma função de provocar suspense. Para Auerbach, o que Homero narra "é sempre somente presente, e preenche completamente a cena e a consciência do leitor".[31] Ou seja, o poema homérico "não conhece segundos planos": em vez de suspender e manter num plano secundário a ação principal, narra um evento que ganha por completo o leitor. Assim, se a digressão traz para o primeiro plano outra ação, é ela que se torna presente, plena e independente, até a retomada daquela que estava sendo narrada.

Quanto à sua estrutura temporal, o relato de Menelau a respeito do encontro com Proteu me parece ter semelhanças com o episódio da cicatriz estudado por Auerbach. Também se identifica uma interpolação ou digressão, já que o rei espartano está prestes a dar a notícia do paradeiro de Ulisses, objetivo da viagem de Telêmaco que constitui a ação principal até ali, mas, em vez de dizer o que sabe sobre o assunto, ele narra com riqueza de detalhes a história de sua própria errância no retorno de Troia e de seu encontro com uma estranha divindade marinha. Essa narração passa a ocupar o primeiro plano e, com sua bela construção, faz o leitor esquecer por um momento a Telemaquia e enxergar o próprio Menelau como herói. Apenas no final da história, e de modo quase acidental, Proteu revela alguma coisa acerca de Ulisses.

A narração do encontro com o ancião do mar vem depois da série de discursos em que os governantes de Esparta, Helena e Menelau, movidos pela emoção de reconhecer o filho de seu amigo, enaltecem a astúcia de Ulisses e sua importância na Guerra de Troia.[32] Não é à toa que o célebre episódio do cavalo de madeira, por exemplo, aparece aqui pela primeira vez, mencionado por Helena e depois contado por Menelau.[33] A história do estratagema que possibilitou a vitória dos gregos tem, nesse sentido, a dupla função de evidenciar a astúcia do herói e de enaltecê-lo por sua participação decisiva na guerra.

Mas a rememoração dos eventos humanos do passado não é capaz de fornecer as notícias que Telêmaco buscava sobre o paradeiro de Ulisses. Essa informação aparece só depois, dentro da história contada por Menelau, como revelação proveniente de uma misteriosa divindade dos mares encontrada numa ilha longínqua. A informação tem, assim, o estatuto de um saber a princípio inacessível aos homens, mas ao qual um herói tem acesso com muito esforço, ajudado pelas divindades que lhe são favoráveis.

Como observa Irene de Jong, há uma semelhança entre a visita de Telêmaco a Esparta e a de Ulisses aos Feácios: "Ambos admiram os costumes de seus anfitriões, não revelam de imediato quem são, choram quando Ulisses é mencionado, tentam esconder suas lágrimas, apesar disso descobertas pelo anfitrião, e finalmente são reconhecidos".[34] Por isso, o primeiro episódio seria uma duplicação e uma antecipação do posterior. Para reforçar a proximidade, o episódio do cavalo de Troia, contado pela primeira vez por Menelau, é repetido pelo aedo Demódoco ao final do Canto VIII, em narrativa que provoca a emoção e o reconhecimento de Ulisses.[35]

Ora, se a visita de Telêmaco a Esparta antecipa a visita de seu pai aos Feácios, a narração feita por Menelau antecipa, em vários aspectos, aquela que o próprio Ulisses faz de suas aventuras. De Jong também menciona essa antecipação, observando que o *nostos* (retorno) de Menelau é o mais próximo, entre todos os *nostoi* dos heróis gregos, do de Ulisses. Ela resume as semelhanças dessas viagens de regresso em linhas gerais: assim como o personagem principal da *Odisseia*, o herói espartano "errou por muitos anos, foi tirado de seu curso por uma tempestade, ficou detido numa ilha (cf. Calipso), passou fome (cf. Trinácia), foi aconselhado por uma mulher sobrenatural (cf. Circe) a consultar um personagem clarividente que lhe fala sobre o destino de seus companheiros, sobre sua jornada para casa e o final de sua vida (cf. Tirésias)".[36]

Mas me parece que há ainda outras semelhanças entre o relato do Canto IV e o que tem início no IX. É o próprio herói quem relata suas aventuras, ou seja, a narrativa de Menelau é em primeira pessoa, assim como a de Ulisses. Além disso, os eventos narrados reconstituem o passado que conduz da vitória na Guerra de Troia até o paradeiro atual do herói (Menelau num caso, Ulisses no outro). O gênero de narrativa no episódio do Canto IV também é semelhante ao dos episódios narrados a partir do nono, e diferente do predominante no resto da *Odisseia*, seja na narração em terceira pessoa, seja em outras histórias contadas por personagens. Trata-se de um gênero de narrativas fantásticas nas quais os heróis enfrentam criaturas míticas sobre-humanas, como as sereias, o ciclope e o ancião do mar.

Por fim, a aventura de Menelau na ilha de Faros tem a mesma estrutura temporal de muitas das aventuras de Ulisses: uma criatura divina se apresenta ao herói e o instrui a respeito de como proceder, em seguida ele executa aquilo que fora antecipado, para consultar uma entidade clarividente e obter nova previsão, que lhe permite escapar da condição de errância e finalmente regressar. Essa complexa temporalidade me parece ser um dos principais elementos no episódio.

A CAPTURA DE PROTEU

Na manhã seguinte à recepção de Telêmaco em Esparta, o rei procura seu hóspede e pergunta o objetivo de sua viagem. Ao ouvir o príncipe pedir notícias sobre o paradeiro do pai, Menelau se propõe a narrar o que o velho ser marinho infalível Proteu lhe revelara anos antes, na ilha de Faros, durante seu retorno de Troia. Preso ali por vinte dias com sua tripulação, sem que soprassem ventos no mar, foi socorrido por uma divindade, Idoteia, que o instruiu a consultar o pai dela, o imortal que "do mar conhece todas as profundezas".[37]

Parece ser este o privilégio dos heróis da *Odisseia*: não o de inventar soluções ou vencer pela força, mas o de contar com a ajuda de divindades e executar aquilo que lhes é prescrito. Isso vale tanto para Menelau quanto para Ulisses nas aventuras narradas posteriormente. Na ilha de Circe, por exemplo, a deusa feiticeira o envia ao mundo dos mortos e lhe ensina como consultar a alma do adivinho Tirésias para, desse modo, aprender o que só as divindades e os videntes sabem: qual deus impede o retorno, o que fazer para apaziguá-lo. Executada a prescrição de Circe, é Tirésias quem assumirá o papel de antecipar os acontecimentos futuros para indicar o caminho a ser seguido.[38]

Na narrativa de Menelau, noto não só a mesma dinâmica temporal, mas quase a mesma construção do episódio da consulta a Tirésias no reino dos mortos. Idoteia ensina o herói a extrair do "infalível Velho do Mar" aquilo que só as divindades sabem: qual dos deuses prendeu ali o herói e como fazer para voltar a navegar. A prescrição é minuciosa e deve ser seguida à risca. O herói precisará levar três dos melhores companheiros e esperar a chegada de Proteu, descrito como um ancião que todos os dias reúne e conta suas focas, do mesmo modo que os pastores humanos contam as ovelhas. Quando o velho adormecer, a tarefa de Menelau e de seus companheiros será agarrá-lo com todas as forças. Idoteia antecipa as artimanhas do pai: ele "assumirá todas as formas conhecidas/ de tudo o que se mexe na terra: até água e fogo ardente".[39] Apesar de todas as transformações, será preciso mantê-lo preso com firmeza até que retome sua forma original e comece a falar.

Da mesma maneira que nos encontros posteriores de Ulisses com Hermes e Circe, a divindade que vem ao auxílio do herói torna factível uma tarefa que de outro modo seria impossível. Como afirma Menelau, "é difícil para um mortal dominar um deus".[40] A filha de Proteu participa da preparação do plano, já que traz das profundezas peles de foca, cava buracos na areia, cobre com as peles o herói e seus companheiros, depois insere ambrosia nas narinas deles para tornar suportável o cheiro. Preparada a emboscada, os homens veem chegar o rebanho das focas, que se espalham pela praia, até o momento em que sai das ondas o pastor. Então eles esperam que Proteu conte o rebanho e vá se deitar, para poderem capturá-lo de surpresa.

O que o herói-narrador conta ter feito, em seguida, é uma repetição daquilo que lhe fora antecipado. Proteu se transforma, mas Menelau e seus companheiros o agarram até que ele se canse, retome a forma humana e pergunte pelas intenções de seus captores. Embora seja uma repetição, a efetivação daquilo que Idoteia havia predito traz, nessa narrativa, mais detalhes acerca das metamorfoses. O velho "transformou--se primeiro num leão barbudo;/ depois numa serpente, num leopardo e num enorme javali;/ depois em água molhada e numa árvore de altas folhas".[41]

Para que a conversa com a divindade marinha ocorra, Proteu é forçado a desistir das metamorfoses e retomar a forma original de velho com a qual surgira das profundezas do mar. Essa conversa é essencial, porque leva ao momento em que finalmente aparece a verdade escondida que Telêmaco buscava. Segundo a narração de Menelau, a primeira pergunta que ele fez ao deus obedecia às instruções de Idoteia: "Mas diz-me agora tu (pois tudo sabem os deuses)/ qual dos imortais aqui me prende e impede de prosseguir".[42] Proteu, então, como um adivinho, revela qual erro no passado recente impõe certo procedimento no futuro. O herói fica sabendo que está retido na ilha por não ter feito sacrifícios aos deuses antes de embarcar, por isso será obrigado a retornar ao Egito e fazê-los a fim de continuar a viagem.

A partir desse ponto, resolvido o problema, Menelau aproveita a ocasião para saber mais do que fora recomendado, perguntando por seus antigos companheiros de guerra, vistos pela última vez na partida de Troia. Por isso, a segunda resposta de Proteu é antecedida por uma advertência, que me parece acentuar o caráter problemático da relação dos homens com o conhecimento divino. Embora avise ao herói que nem sempre é vantajoso ter ciência de tudo, o velho não deixa de responder, em seguida, que entre aqueles companheiros da guerra só dois morreram, e um ainda não retornou, mas se encontra com vida no vasto mar.

Ao contar a história para Telêmaco, Menelau não demonstra ter pressa em revelar o que sabe sobre Ulisses. Primeiro narra o que Proteu disse sobre Ájax e, especialmente, sobre Agamêmnon, seu irmão, vítima de um plano traiçoeiro que levou ao seu assassinato logo após o retorno, com a participação de Clitemnestra, a esposa infiel.[43] O narrador diz que, depois de ouvir a história, chorou de bruços na areia, sem vontade de viver, de coração partido, pois nem sempre é bom ter ciência de tudo, como advertira o Velho do Mar. O contraponto entre Agamêmnon e Ulisses é evidente: um rei é assassinado pelo amante da esposa, o outro está a caminho da esposa que ainda o aguarda depois de tantos anos, recusando-se a escolher um pretendente. Essa comparação, aliás, é feita pela alma do próprio Agamêmnon, durante a visita ao reino dos mortos narrada no Canto XI, quando o espectro do rei conta para Ulisses a história mencionada antes por Proteu e, num lamento, em meio a uma imprecação contra Clitemnestra, elogia Penélope por ser a esposa fiel que aguarda o retorno do herói.[44]

Portanto, no relato que Menelau faz a Telêmaco, é só depois de saber da morte dos outros heróis, e apesar da comoção com a notícia sobre seu irmão, que o rei de Esparta se lembra de indagar sobre o terceiro companheiro que, segundo Proteu, estaria "retido no vasto mar". O conhecimento em jogo aqui não diz respeito ao passado, como nos casos de Ájax e Agamêmnon, mas a um evento temporalmente presente e espacialmente distante: o velho conta que Ulisses está na ilha de Calipso, sem navios e sem companheiros, retido pela ninfa à força e vertendo "lágrimas copiosas" por não poder retornar para casa.[45]

Assim, finalmente se desvela para Telêmaco o conhecimento que o poeta-narrador já tinha antecipado desde o início.

SABER DIVINO

No episódio do encontro de Menelau com o ancião do mar, assim como no momento posterior da consulta de Ulisses a Tirésias, há uma dupla antecipação: Idoteia (como Circe depois) ensina ao herói o que fazer para consultar Proteu (como Tirésias depois). A situação é similar, já que ambos precisam descobrir qual divindade está contrariada e como fazer para seguir o caminho de regresso, escapando da condição de errância.* Faço um resumo válido para as duas passagens aqui comparadas: o herói errante precisa seguir as instruções de uma divindade, nas quais já se revela um conhecimento divinatório, para realizar seu objetivo, que é consultar outro portador do conhecimento divino, capaz por sua vez de revelar o que ele precisa saber para seguir seu caminho. Com isso, em sua tentativa de escapar da condição de errância, o futuro do herói é definido por uma realização daquilo que as divindades anteciparam.

Nos dois casos, é preciso lembrar também que os episódios são contados pelos próprios heróis muito tempo depois, quando se posicionam como narradores — Ulisses na corte dos Feácios, Menelau em seu próprio palácio. Ou seja, os heróis-narradores rememoram um passado de errâncias no qual se encontravam em situações aparentemente sem saída e, auxiliados por divindades, tiveram de consultar adivinhos. Desse modo, é possível identificar, tomando emprestada uma

---

* O paralelismo entre as aventuras de Menelau e as de Ulisses é um assunto bastante debatido por estudiosos de Homero. Por exemplo, no célebre estudo *The Singer of Tales*, de 1960, influenciado pelo trabalho de Milman Parry, o homerista Albert Lord evidencia repetições de fórmulas e temas nos dois *nostoi*, procurando identificar os recursos narrativos típicos da tradição oral.

imagem usada por Charles Segal, uma espécie de "tripla refração", que seria a passagem de um plano narrativo a outro, e depois a um terceiro.[46] No encontro de Menelau com Proteu, o herói ouve a previsão de seu destino da boca de um personagem, numa história que ele está contando para outros personagens da *Odisseia* e que lemos como uma história dentro da história. No primeiro plano, o herói-personagem lida com as entidades portadoras do saber divino e consegue extrair uma previsão para escapar da sua errância. No segundo plano, o herói-narrador elabora o episódio do passado no qual aparece como personagem errante. No terceiro, o leitor apreende o episódio contado como uma história dentro da história narrada no poema épico em que o herói-narrador também é um personagem. O leitor imagina o Menelau que, narrando o episódio e recordando a si mesmo no passado, está inserido na história da viagem de Telêmaco. Mas, dentro dessa narrativa, aparece em cena o Menelau mais jovem que realiza o feito previsto por Idoteia e conversa com Proteu. Dentro dessa conversa, por sua vez, a fala de Proteu ouvida por Menelau anuncia os feitos necessários para escapar da situação em que se encontrava, a fim de voltar para casa.

A complexa temporalidade dessa história dentro da história se mostra tanto na dupla antecipação que há na estrutura do episódio contado por Menelau, quanto na tripla refração das várias camadas da narrativa. Com isso, posso concluir que o encontro do herói errante com o ancião do mar é uma alegoria de diferentes sentidos do tempo no poema de Homero.

TEMPO NARRADO

Em um texto preparatório para a interpretação da *Odisseia* no excurso I da *Dialética do esclarecimento*, Theodor Adorno comenta uma metáfora usada no Canto XXIII. A imagem de um náufrago chegando a terra firme caracteriza o momento em que Penélope finalmente reconhece seu marido que retornou a Ítaca. O que é estranho nessa metáfora é que ela inverte a lógica da história, na qual Ulisses aparece diversas vezes como náufrago ansiando chegar a terra firme, enquanto Penélope se encontra em condição de segurança, sem o risco de naufrágios, pelo menos literais. No trecho, há uma analogia de Penélope com o naufrágio e de Ulisses com a terra firme:

> Tal como a vista da terra é grata aos nadadores
> *cuja nau bem construída Posêidon estilhaçou no mar*
> *ao ser levada pelo vento e pelo inchaço das ondas;*
> *mas alguns escaparam a nado do mar cinzento e chegam*
> à *praia com os corpos empastados de sal, pondo o pé*
> *em terra firme com alegria, porque fugiram à morte —*
> *assim, para Penélope, era grata a visão de Ulisses.*[47]

Ao comentar essa passagem no ensaio "Sobre a ingenuidade épica", Adorno pergunta como entender a epopeia de Homero "se a *Odisseia* fosse medida por esses versos". Ou seja, como entender a narração do retorno de Ulisses se a "parábola da felicidade do casal enfim reunido" fosse tomada "não meramente como uma metáfora inserida na obra, mas como o *teor da narrativa*, posto a nu nos momentos finais do texto"?[48] Para explicar esse "teor da narrativa", o filósofo recorre à imagem do encontro entre terra e mar, desdobrando assim a metáfora presente na passagem que comenta. Considerada segundo a medida de tais versos, a *Odisseia* "não seria nada mais do que a tentativa de *dar ouvidos* ao ritmo insistente do mar ferindo a costa rochosa, a descrição paciente do modo como a água submerge os recifes para depois recuar marulhando, enquanto a terra firme brilha em sua mais profunda cor". Destaco a expressão "dar ouvidos", porque Adorno em seguida se refere ao "murmúrio" do mar como sendo o som próprio do discurso épico, "no qual o sólido e o inequívoco encontram-se com o fluido e ambíguo, apenas para novamente se despedir".[49]

Segundo essa interpretação, a imagem do encontro entre mar e terra, recorrente ao longo da *Odisseia* em diversas variantes, explicita a diferença entre narrativa mitológica e mito. Como forma narrativa que se apropria dos mitos populares, e que os ordena e encadeia, a epopeia busca fixar, dar identidade e solidez a algo ambíguo, fluido. Se os cantos épicos pretendem relatar eventos dignos de serem contados, eles tendem à diferenciação e à particularização desse material maleável e indiferenciado. Em outras palavras, a narrativa épica estabelece e de algum modo controla a tradição oral em constante mutação em que os mitos se repetem, se modificam e se misturam.

Quando Adorno e Horkheimer retomam esse tema na *Dialética do esclarecimento*, eles consideram a "assimilação habitual da epopeia ao mito" uma perfeita ilusão, desfeita pela filologia clássica.[50] Na crítica de tal assimilação, seria possível identificar a transição entre duas fases distintas de um processo histórico: a passagem da tradição mítica arcaica e popular para seu ordenamento na forma do poema épico. A interpretação alegórica da *Odisseia* que os autores propõem se baseia nesta tese: "Os mitos se depositaram nas diversas estratificações do texto homérico, mas o seu relato, a unidade extraída às lendas difusas é ao mesmo tempo a descrição do trajeto de fuga que o sujeito empreende diante das potências míticas".[51] Interessados em fazer uma genealogia da razão esclarecida, eles enxergam na apropriação do mito pelo espírito épico de organização uma forma de racionalização, na qual se mostra o embate do herói (princípio identitário, civilizatório) com as forças míticas (princípios de indiferenciação, de retorno ao ciclo da natureza e à condição pré-histórica de animalidade). Assim, indicando o retorno ao passado e à visão da natureza como potência incontrolável que domina o destino humano, as criaturas míticas se mostram na narrativa épica como ameaças à autoafirmação e à identidade do herói.

Como dizem Adorno e Horkheimer a respeito da situação de Ulisses em sua passagem pela ilha das sereias: "a preamar do que já foi recuou da rocha do presente, e as nuvens do futuro estão acampadas no horizonte".[52] Trata-se de uma retomada da imagem que Adorno utilizara, em seu estudo preparatório sobre a epopeia, para indicar a diferença entre mito e mitologia: "A maré amorfa do mito é a mesmice, o *télos* da narrativa é porém o diferente, e a identidade impiedosamente rígida que fixa o objeto épico serve justamente para alcançar sua própria diferenciação".[53] O termo "mesmice" é uma tradução de *Immergleiche*, literalmente o "sempre igual". Essa palavra designa o modo como as figuras míticas enfrentadas pelo herói vivem a repetição, ou seja, elas fazem sempre o mesmo, o igual: as sereias cantam sempre de novo em sua rocha quando passa algum navegante, Proteu conta sempre de novo seu rebanho de focas, e assim por diante. Já o herói tem de escapar desse tempo da repetição, precisa se fixar em algum ponto firme para escapar da maré amorfa do mito que ameaça tragá-lo de volta para a natureza, para o imemorial, para a animalidade cíclica.

PROTEU E A VERDADE

Proponho que se interprete o episódio narrado por Menelau, no Canto IV da *Odisseia*, com base na metáfora proposta por Adorno. Seguindo as instruções de uma divindade, o herói precisa primeiro se disfarçar de animal marinho para depois capturar, num abraço firme, a entidade mítica fluida, elementar. A força dos braços deve reter essa entidade em constante mutação, até que ela assuma uma forma humana e possa dialogar. Nesse sentido, não é à toa que a divindade marinha se transforma também em água, mas essa forma que evidencia sua essência também é assumida em vão, pois a fluidez e a multiplicidade acabam dominadas, fixadas.

Acerca da verdade que constitui o objetivo da busca de Telêmaco, destaco que ela se esconde no lugar mais recôndito, uma ilha deserta em que o herói errante Menelau se vê preso, como que fora do mundo humano. Ela precisa ser extraída da entidade que estabelece, ali, o vínculo entre o saber divino e o humano. O ancião do mar, detentor do conhecimento buscado pelo herói, não só é difícil de capturar, como também é uma figuração da ambivalência extrema, um ser capaz de assumir todas as formas. Mas, além disso, Proteu é caracterizado por uma condição temporal: seu principal traço, quando tem forma humana, é a velhice. Essa característica me parece especialmente relevante quando se considera que a errância dos heróis (tanto no caso de Menelau quanto no de Ulisses) possui uma temporalidade distinta daquela que rege os acontecimentos humanos no mundo civilizado.

O herói errante não só é exposto ao tempo cíclico da natureza, que governa o mundo das criaturas míticas enfrentadas, como também se insere numa cronologia à parte. Sua errância ameaça durar indefinidamente, mostrando-se como negação daquilo que o herói busca, ou seja, como recusa de sua reintegração à dinâmica humana, na qual o tempo está ligado à sociabilidade, à celebração do passado e à construção do futuro, aos feitos heroicos e à transmissão deles por meio do canto.[54]

Se a caracterização do "velho do mar" indica a sabedoria de uma entidade que já viu tudo, que conhece as verdades escondidas, ressalta também que Proteu é uma divindade ligada ao tempo. Nesse caso, recorrendo à metáfora usada por Adorno, a verdade a ser extraída do mito pelo herói épico, ou pela narrativa épica, vincula-se à temporalidade. Essa ligação também se expressa, como alegoria, na outra característica do personagem Proteu: o infalível ser marinho, carregado de tempo e detentor da verdade, assume muitas formas. A divindade que conhece o presente, o passado e o futuro dos homens abandona seu aspecto humano quando um homem tenta capturá-la. Levando em conta que o antropomorfismo dos deuses gregos pode ressaltar justamente a sua proximidade em relação aos homens, esse movimento é significativo. Por um lado, Proteu é um velho que pastoreia focas, assim como os homens pastoreiam ovelhas ou cabras, o que indicaria a ideia de que as atividades divinas em meio à natureza são semelhantes aos afazeres humanos. Por outro lado, ele abandona a forma humana e se transforma em elementos do mundo natural para escapar, remetendo assim à separação entre a divindade natural e os homens.

Fluido e ambivalente, Proteu pode ser considerado uma figura alegórica da temporalidade natural, cíclica e em constante mutação que não deixa nada se fixar. A essa potência de indiferenciação, expressa na metamorfose, opõe-se a resolução planejada do herói, portanto a força que impõe uma temporalidade não só da previsão do futuro, mas também da antecipação voltada para o domínio sobre o presente no rumo para o mundo civilizado.

O tempo de Proteu seria então o do mito, enquanto o tempo de Menelau seria o da narrativa heroica que procura fixar e estabelecer o mito para se apropriar da verdade nele contida. Signo da máxima ambivalência e do caráter multifacetado do saber, o ancião do mar adverte para o risco da busca humana de determinar a verdade, negando o velamento ou esquecimento (*léthe*) para seguir adiante em direção ao futuro.

AS SEREIAS
E O NARRADOR

Palavras brilhantes como as escamas de um peixe,
palavras grandes e desertas como praias.
Sophia de Mello Breyner Andresen

O EPISÓDIO

Embora ocupe um trecho curto do Canto XII da *Odisseia*, o episódio do encontro de Ulisses com as sereias até hoje gera debates, releituras e interpretações divergentes. Talvez a brevidade do episódio e a falta de detalhes na elaboração da imagem dessas criaturas míticas contribuam para a riqueza da tradição de comentários, mas o interesse pelo tema se deve também à capacidade que essa passagem tem de sintetizar o cerne dos desafios que Ulisses enfrenta durante seu retorno a Ítaca.

O longo período de errância no mar, com aventuras arriscadas em ilhas distantes e encontros com povos desconhecidos e criaturas fantásticas, é narrado do Canto IX ao XII do poema de Homero. A narrativa é feita pelo próprio herói, na corte dos Feácios, como um desdobramento da revelação de sua identidade. Tendo chegado ali como um náufrago sem nome, recebido pelo rei Alcino com a hospitalidade devida a um estrangeiro, Ulisses só revela quem é depois de se emocionar com o canto do aedo Demódoco sobre os feitos da Guerra de Troia.[55]

O protagonista da *Odisseia* vinha da ilha de Ogígia, governada pela ninfa Calipso, aonde chegara anos antes também como náufrago. Então, para estabelecer a conexão entre esse estrangeiro duplamente náufrago e o herói celebrado no canto de Demódoco (e na *Ilíada*), é preciso que ele conte a história do penoso regresso (*nostos*) que teve início com a partida de Troia como chefe de muitos guerreiros, em embarcações cheias de riquezas. E um ponto central na série de aventuras narradas é o período passado em outra ilha governada por uma divindade feminina, a deusa-feiticeira Circe.

Pois bem, a história do encontro com as sereias é a primeira da série de aventuras ocorridas quando o herói parte da ilha de Circe. No relato que faz desse encontro, não é apenas uma vez que Ulisses menciona o episódio, mas três. A primeira delas consiste na antecipação do que está para ocorrer, pois Circe lhe ensina as providências necessárias para se salvar. A segunda menção é feita por Ulisses ao se dirigir a seus companheiros de embarcação, a fim de transmitir as instruções de Circe e, assim, assegurar que a travessia ocorra como tinha sido antecipada. Só a terceira menção constitui propriamente a narração do acontecimento, que é a realização do que antes fora prescrito e combinado.[56]

Circe avisa, a respeito do rumo a ser seguido: "Às Sereias chegarás em primeiro lugar, que todos/ os homens enfeitiçam, que delas se aproximam". O feitiço do "canto límpido" das sereias tem como efeito atrair os viajantes para a morte em sua ilha. Como observa Irene de Jong, esse desafio no qual Ulisses se vê ameaçado de perder o rumo da viagem tem semelhanças com o episódio dos lotófagos, o primeiro da série de aventuras que antecede o período passado com Circe. Assim como as sereias, os comedores de lótus desviavam os visitantes de seu *nostos* oferecendo a eles um prazer embriagador.[57] Desse modo, o canto que enfeitiça os navegantes e a flor de lótus que os inebria têm basicamente o mesmo efeito: o *esquecimento*.

No entanto, como a descrição feita por Circe é de uma cena aterradora nas rochas da ilha, com "ossadas de homens decompostos e suas peles marescentes",[58] pode-se concluir que as sereias causam não só o esquecimento, por meio do prazer do canto, mas também a morte. De Jong comenta que a maneira como as vítimas morrem não é mencionada em nenhum momento, portanto os navegantes poderiam bater nas pedras e naufragar, ou poderiam permanecer ali enfeitiçados até morrerem, ou então as sereias poderiam devorá-los — ação que lhes foi atribuída pela tradição posterior.[59]

Quando Ulisses transmite a seus companheiros os "oráculos que proferiu Circe", sua preocupação é que todos saibam como fazer para escapar, "evitando a morte e o destino". Mas ele não só é bastante conciso, como também altera as recomendações da deusa acerca das sereias. Ela tinha dito: "Prossegue caminho, pondo nos ouvidos dos companheiros/ cera doce, para que nenhum deles as ouça./ Mas se tu próprio quiseres ouvir o canto,/ deixa que, na nau veloz, te amarrem as mãos e os pés". Ao se dirigir aos companheiros, Ulisses não menciona a possibilidade de escolha ("se tu próprio quiseres ouvir"), simplesmente afirma que Circe "disse para ser só eu a ouvi-las" e em seguida ensina o estratagema reservado ao capitão: os companheiros devem amarrá-lo ao mastro com cordas ásperas e, caso queira se libertar, devem usar mais cordas para prendê-lo. Com essa omissão da possibilidade de escolha mencionada por Circe, o herói age de maneira astuciosa a fim de garantir que possa ouvir o canto. A condição é que os demais tenham os ouvidos tapados, para que conduzam a embarcação adiante.

Ao se aproximarem da ilha, os viajantes são surpreendidos por uma calmaria sem ventos. Só então o episódio antecipado pelas recomendações da deusa é contado pelo narrador: as sereias, ao perceberem os navegantes que passavam "à distância de alguém gritando", "entoaram o seu límpido canto". Não há uma descrição da ilha, nem das sereias, mas o poeta narra o que elas cantaram, ou seja, as palavras ditas por elas:

"Vem até nós, famoso Ulisses, glória maior dos Aqueus!
Para a nau, para que nos possas ouvir! Pois nunca

por nós passou nenhum homem na sua escura nau
que não ouvisse primeiro o doce canto das nossas bocas;
depois de se deleitar, prossegue o caminho, já mais sabedor.
Pois nós sabemos todas as coisas que na ampla Troia
Argivos e Troianos sofreram pela vontade dos deuses;
e sabemos todas as coisas que acontecerão na terra fértil."[60]

Essas palavras ressaltam algumas características das sereias. Além do "doce canto" que deleita o ouvinte, elas anunciam o conhecimento "de todas as coisas", prometendo que Ulisses sairia "mais sabedor" ao prosseguir. Como Circe já tinha descrito as ossadas de homens nas rochas, o herói deve suspeitar que a morte é o destino de quem aceita a promessa e que as sereias querem ludibriá-lo: se for até elas, não prosseguirá o caminho mais sábio, e em vez disso morrerá. Por outro lado, não se pode negar que elas detêm um conhecimento divino, já que reconhecem Ulisses, de modo que parece tentadora a possibilidade de receber a previsão sobre "todas as coisas que acontecerão". O saber anunciado é também o relato específico acerca do passado heroico do narrador: "todas as coisas que na ampla Troia, Argivos e Troianos sofreram".

O AEDO

Como promessa de rememoração dos feitos da guerra, tema central da *Ilíada*, considero que o canto das sereias pode ser relacionado ao canto de Demódoco, personagem que desencadeara toda a narrativa de Ulisses sobre suas aventuras. Na corte dos Feácios, quando canta os acontecimentos do passado em Troia para celebrar a glória heroica, o aedo leva o herói a se emocionar e a dar início à sua própria narrativa. Essa relação entre os diferentes cantos me parece indicar uma complexa trama metanarrativa, já que Demódoco espelha, dentro do poema, o próprio poeta que é o narrador da *Odisseia*. O espelhamento, talvez reforçado pelo fato de Demódoco ser cego, assim como era Homero, segundo a tradição, preludia o momento em que Ulisses assume, ele mesmo, o papel de narrador.

É preciso atentar para o contexto do episódio, já que o encontro com as sereias faz parte de um trecho que se destaca, por diversos motivos, das outras partes que integram o poema épico. Esse destaque diz respeito em primeiro lugar ao conteúdo narrado, uma vez que o protagonista revela, após oito cantos, como ele, um rei vitorioso que tinha deixado Troia com várias embarcações repletas de tesouros, tornou-se o náufrago solitário encontrado pela princesa Nausica numa praia distante. Mas identifico pelo menos três outras especificidades que caracterizam os cantos em questão, tanto do ponto de vista formal quanto do ponto de vista temporal.

A primeira característica distintiva do trecho é o fato de a narração não ser em terceira pessoa, da perspectiva do poeta que, no início da epopeia, invoca a Musa para cantar as errâncias do herói. Esse poeta-narrador onisciente contou os acontecimentos dos oito primeiros cantos, até o momento em que seu principal personagem, Ulisses, ouve Demódoco cantar. Assim, após uma longa antecipação na qual a ausência e o retorno de Ulisses são mencionados diversas vezes, quando finalmente tem lugar o relato desses acontecimentos dos quais o herói é o único sobrevivente, a narração é feita em primeira pessoa.

A proximidade entre o protagonista-narrador e o aedo se destaca na *Odisseia*, portanto, quando Demódoco rememora o grande feito de Ulisses que possibilitou a vitória dos gregos, a sugestão do tema vem do próprio herói. Ele manda um escudeiro levar uma fatia de carne para o aedo, a fim de demonstrar seu apreço, e depois lhe diz que o louva "mais que a qualquer outro homem", como discípulo da Musa e de Apolo. Em seguida lhe pede que cante sobre "o cavalo que o divino Ulisses levou para a acrópole pelo dolo, depois de o ter enchido com homens que saquearam Ílio".[61]

Após chorar com esse canto encomendado ao aedo, quando toma a palavra para responder às perguntas do rei Alcino sobre sua identidade, Ulisses começa por mais um elogio à atividade de Demódoco: "Pois afirmo que não há na vida finalidade mais bela/ do que quando a alegria domina todo o povo,/ e os convivas no palácio ouvem o aedo [...]".[62] Esse elogio me parece remeter, como elemento metanarrativo, à situação na qual se dava, segundo as características da tradição oral da epopeia grega, a audição dos cantos da própria *Odisseia*. O episódio da audição dos cantos na corte dos Feácios não só reproduz essa situação, como também traz para o mesmo cenário a narrativa que vem a seguir, em continuidade com a descrição do prazer de ouvir os cantos. Nas palavras de Jacyntho Brandão, "não há melhor contador de histórias que Ulisses — e não só para Homero, como para todos os gregos".[63] O comentário indica as diferenças e semelhanças entre o herói-narrador e o aedo, já que Ulisses não invoca a Musa e não canta seus feitos com acompanhamento musical como faz Demódoco, mas isso não impede o rei Alcino de, após ouvir a primeira parte da narrativa do herói, avaliar: "Tens formosura de palavras e um entendimento excelente./ Contaste a história com a perícia de um aedo".[64]

A segunda característica que destaca essa parte, do Canto IX ao XII, em relação ao resto da epopeia diz respeito a seu gênero literário. A história contada por Ulisses tem a forma de uma narrativa fantástica, em contraste com as outras partes nas quais predominam as relações humanas. Pois a Telemaquia, a visita aos Feácios e todo o final do poema passado em Ítaca se desenvolvem primordialmente no plano dos encontros, dos conflitos e dos diálogos entre os homens e entre os deuses olímpicos de traços e costumes humanos, enquanto as viagens de Ulisses constituem uma sucessão de aventuras com ciclopes, sereias, gigantes canibais e outras criaturas não humanas que habitam as margens do mundo civilizado.

Destaco ainda, porém, uma terceira característica que distingue a narração feita pelo herói. Ela diz respeito à composição da *Odisseia* como um todo e à sua dinâmica temporal, uma vez que esse momento constitui um recuo em relação aos eventos apresentados tanto nos cantos anteriores quanto nos posteriores. Na forma de um relato enunciado no presente da narrativa, mostra-se o passado de errâncias e desventuras de Ulisses, estabelecendo a relação dos eventos "atuais" da *Odisseia* com os grandes feitos ocorridos anos antes em Troia, portanto com o tema da *Ilíada*.

Desse modo, voltando ao episódio que estou discutindo, quando as sereias prometem deleitar o ouvinte com as histórias das "coisas que na ampla Troia Argivos e Troianos sofreram pela vontade dos deuses", elas indicam como objeto de seu canto temas que Demódoco e o próprio Ulisses também abordam. Mas o canto das sereias já enfeitiça o ouvinte antes mesmo de narrar essas histórias, ao formular a promessa e chamá-lo para perto. Ulisses conta que, quando as "belas vozes" se projetaram, seu coração "desejou ouvi-las" e, como previsto por Circe, fez gestos para que seus companheiros, cujos ouvidos estavam tampados, o soltassem. No entanto, obedientes ao estratagema combinado antes, dois deles se levantaram dos remos para atar o capitão com cordas ainda mais apertadas até que a embarcação se afastasse da ilha.[65]

O SABER DE TODAS AS COISAS

Segundo Brandão, as sereias podem ser consideradas um "magnífico exemplo de deusas que reclamam para si *tudo saber*" e que "se aproximam das Musas em vários sentidos".[66] Musas e sereias prometem a rememoração, como conhecimento de todas as coisas. A canção melodiosa, entoada com voz doce e clara, tem o efeito de deleitar os homens, assim como ocorre quando ouvem os cantos do aedo inspirado pelas Musas. No entanto, as sereias atraem os ouvintes para a morte. Ou seja, "não é apenas o claro canto encantador que as caracteriza, mas também o fato de que quem para a fim de ouvi-lo não retorna para casa".[67] Assim, de maneira ambivalente, elas aparecem como figuras terríveis, ameaçadoras, mas cujo canto seduz não só por ser doce e belo, como também por prometer a glória e o conhecimento.

Não é possível saber precisamente qual é a aparência das sereias com base na *Odisseia*, em função de duas dificuldades, destacadas por Alfred Heubeck. A primeira é o fato de o poema não dar detalhes sobre a forma e a ascendência das sereias, nem sobre a verdadeira natureza do perigo ou sobre o modo como as vítimas delas morrem. A segunda é a influência de toda a tradição posterior, que busca uma conciliação do relato homérico com o tratamento dado às sereias pelos gregos antigos na pintura. Heubeck comenta que o tema remete ao acervo da cultura popular de um povo intimamente ligado ao mar, com diversas referências de histórias antigas nas quais "figuram seres femininos sobrenaturais que, por meio de seus cantos mágicos, levam os marinheiros para a morte".[68] Como nenhuma teoria é capaz de explicar a referência precisa para a composição desse episódio em Homero, "as tentativas de determinar o que exatamente os gregos antigos compreendiam pelo conceito de 'sereia' se concentraram nas evidências das artes visuais".[69] As representações artísticas posteriores atribuem às personagens homéricas os traços meio humanos e meio animais das criaturas que aparecem em vasos gregos como aves com rosto humano. Essa concepção de híbridos homem-animal, que se manteve depois nas representações de outras sereias, mais recentes na tradição ocidental, como mulheres com rabo de peixe, pode ter sido influenciada pelos modelos da tradição egípcia de divindades animais.[70]

Apesar das dificuldades para definir como eram as sereias de Homero, o que desperta especial interesse até hoje por esse breve episódio da *Odisseia* me parece ser a conciliação de diversos elementos das aventuras de Ulisses que, em outros momentos, estão separados. No caso de um episódio como o dos lotófagos, por exemplo, o herói enfrenta e precisa superar uma ameaça de esquecimento, ligada ao prazer e à embriaguez de um alimento mágico, a flor de lótus, que faz os homens desistirem de todos os seus trabalhos para viverem quase como animais. No caso de episódios como o do Ciclope e o dos Lestrígones, a ameaça é de ser devorado por criaturas gigantescas, de modo que a negação do retorno está ligada à violência bruta, à morte e ao desaparecimento do corpo.[71] Já no episódio das sereias, os dois componentes se combinam: elas enfeitiçam e fazem esquecer, para com isso causar a morte, possivelmente devorando o corpo. Trata-se, assim, de um episódio que resume os tipos de riscos que precisam ser vencidos para que o herói errante consiga retornar a Ítaca: o *esquecimento*, ligado às tentações encontradas nas viagens, e a *morte*, ligada aos perigos da travessia. Além disso, as sereias oferecem o prazer do canto e a promessa do saber de todas as coisas, representando assim uma versão terrível das Musas que inspiram o poeta.

RECEPÇÃO FILOSÓFICA

O debate sobre o episódio das sereias, quase tão antigo quanto a própria filosofia grega, sempre destacou o tema da sedução de um canto poético que promete o conhecimento. No diálogo platônico *Fedro*, Sócrates menciona o encontro de Ulisses com as sereias ao tratar da beleza do discurso, preparando desse modo o terreno para uma reflexão sobre verdade e ilusão, conhecimento e arte.[72] Na célebre passagem de *A República*, de Platão, que leva à exclusão de Homero da cidade ideal, o diálogo entre Sócrates e Glauco busca prevenir contra o caráter sedutor da poesia, mostrando que o poeta, assim como os demais artistas miméticos, está três graus afastado da verdade e produz apenas imagens ilusórias a partir da imitação da forma das coisas reais.[73] Mais de vinte séculos depois de Platão, Michel Foucault definiu: "As Sereias são a forma inapreensível e proibida da voz sedutora".[74] A tradição de comentários sobre o episódio se estende, assim, da filosofia clássica grega aos autores contemporâneos que reinterpretaram o sentido do canto sedutor das sereias, como Foucault, Maurice Blanchot, Tzvetan Todorov e outros.[75]

Entre as retomadas do tema no século XX, uma das mais emblemáticas e polêmicas se encontra no primeiro capítulo da

Dialética do esclarecimento, de Adorno e Horkheimer. Os filósofos recorrem ao episódio das sereias para elaborar a questão do entrelaçamento entre "mito, dominação e trabalho", ligada a uma das principais teses do livro: "A própria mitologia pôs em movimento o infindável processo do esclarecimento".[76] A interpretação de um episódio específico segundo essa tese, no capítulo inicial do livro, abre caminho para o "excurso" seguinte, dedicado à releitura da *Odisseia*.

À tese de que a própria mitologia constitui a gênese da *Aufklärung* se soma a ideia de que o processo de esclarecimento, em vez de "livrar os homens do medo e investi-los na posição de senhores", acaba por reverter à mitologia, instaurando um sistema de dominação que nega a autonomia do sujeito.[77] Como explica Jeanne Marie Gagnebin, a *Dialética do esclarecimento* põe em xeque a aparente oposição entre o mito, ligado às forças cegas da natureza, e o esclarecimento como faculdade de emancipação e de crítica. Assim, a interpretação da *Odisseia* tem o objetivo de ilustrar a dialética dessas duas instâncias: "Na sua luta contra o mito, a razão fica, por assim dizer, contagiada pelas forças às quais se opõe".[78]

O entrelaçamento de razão e mito explora o tema da dominação, uma das principais questões trabalhadas por Adorno e Horkheimer quando criticam a esperança de emancipação do homem, por meio da razão, em relação às forças da natureza. Esse projeto emancipatório, nascido muito antes do movimento iluminista, teria origem no medo da natureza não compreendida e ameaçadora, na angústia do homem primitivo que se reconhecia frágil diante das potências naturais incontroláveis que imperavam sobre ele. Com base na teoria acerca dos primórdios da humanidade desenvolvida por Freud em *Totem e tabu*, os autores concluem que o esclarecimento tem a mesma origem do mito, pois ambos nasceram do pavor que acomete o ser humano a partir do momento remoto em que toma consciência de si como ser separado da natureza e encara os fenômenos naturais como forças dominantes. O mito seria uma resposta a essa condição primitiva pelo reconhecimento da dominação e pela tentativa de restabelecer a harmonia perdida, com a celebração ritual das divindades ligadas à natureza, ou com a imitação dos elementos naturais. O esclarecimento, por sua vez, responderia a essa mesma condição segundo um projeto que inverte a hierarquia da dominação: o homem, usando a razão e a técnica, desfazendo-se dos encantamentos míticos e das superstições religiosas, seria senhor da natureza.

Nos termos iniciais da *Dialética do esclarecimento*, trata-se de explicar o projeto de desencantamento do mundo em que a busca do objetivo de "livrar os homens do medo e de investi-los na posição de senhores" conduz a humanidade a uma calamidade triunfal.[79] Essa expressão se refere especialmente ao contexto no qual o livro foi escrito, já que os dois autores, intelectuais judeus vindos da Alemanha, tinham escapado da perseguição nazista e estavam exilados nos Estados Unidos, de onde acompanhavam os desdobramentos da Segunda Guerra Mundial. A proposta de uma releitura da *Odisseia* diz respeito, nesse contexto, não à análise crítica do poema, não à reconstituição histórica da Grécia Antiga e de sua situação cultural, mas ao procedimento genealógico que considera essa epopeia "o texto fundamental da civilização europeia".[80]

Propondo um diagnóstico de sua própria situação histórica, Adorno e Horkheimer interpretam o texto que está na base da tradição ocidental como uma proto-história da razão esclarecida, uma alegoria do difícil processo civilizatório que visa a tornar os homens senhores da natureza. Ulisses representa o esforço de sobrevivência e de manutenção do ego, que resiste por meio de uma astúcia à potência de dissolução e à promessa de felicidade contida no canto das sereias.[81] Para o herói, os domínios do tempo separam-se "como a água, a terra e o ar", porque Ulisses precisa libertar o instante presente do poder do passado mítico que o ameaça com a dissolução e o regresso ao ciclo imemorial da natureza. Só assim o presente se torna uma etapa de sua viagem em direção ao futuro que ele escolheu. Há, portanto, um conflito entre temporalidades distintas: as sereias remetem ao tempo cíclico da natureza em que a força imemorial do passado retorna sempre para tragar o presente; Ulisses precisa se assenhorear do presente e libertá-lo dessa força em função do futuro, meta visada no tempo linear da civilização.

Essa leitura peculiar da epopeia grega se inscreve numa reconstrução da história da razão, de modo que as aventuras de Ulisses se mostram como alegoria da constituição do sujeito no mundo ocidental. Segundo Gagnebin, a alegoria diz respeito tanto à "história social e coletiva" quanto "à história psíquica de cada indivíduo singular", já que a interpretação segue o prisma do processo civilizatório e a concepção freudiana de uma "evolução da criança polimorfa, encantadora e perversa, sem identidade assegurada, que se torna um ego adulto, determinado, simultaneamente racional e rígido".[82]

BELEZA DESTITUÍDA DE PODER

Segundo a interpretação alegórica proposta na *Dialética do esclarecimento*, Ulisses representa a afirmação da identidade e da civilização, enquanto as sereias aparecem como potências míticas regressivas, ameaças de dissolução ligadas ao domínio da natureza e do destino. A vitória do herói que consegue escapar dessas forças regressivas, mesmo sendo mais fraco do que elas, é entendida como vitória da astúcia da racionalidade que prefigura o esclarecimento e seu projeto de tornar o homem senhor da natureza. Um elemento decisivo para essa interpretação é o papel da arte no episódio. Esquematicamente, como mostrou Gagnebin, a interpretação feita na *Dialética do esclarecimento* articula três dimensões (dominação, mito e trabalho) na forma de três figuras alegóricas: o herói, as sereias e os remadores.[83] Em cada alegoria, o canto (arte) tem um significado diferente.

A primeira das figuras alegóricas é Ulisses amarrado ao mastro, de acordo com a estratégia ensinada por Circe para poder ouvir o canto das sereias evitando o seu efeito. Como o canto significa uma promessa irresistível de prazer que constitui a ameaça de dissolução do sujeito e da ordem patriarcal na qual este se situa, a estratégia do herói possibilita seu domínio sobre a potência que o ameaça.[84] As sereias, segunda figura alegórica, são consideradas, assim, força de dissolução que põe em risco a viagem do herói em seu caminho de volta para a civilização. Essas criaturas míticas encarnam a nostalgia do passado mítico, e com isso a regressão ao domínio primordial da natureza sobre o homem no mundo ainda encantado. Assim, o canto é o recurso mágico e sedutor pelo qual se afirma o seu domínio sobre os homens, um domínio do tempo mítico, dos ciclos naturais que imperam sobre a vida humana.

Por fim, há os remadores, para os quais Ulisses adota como estratégia, também seguindo a recomendação de Circe, tampar os ouvidos com cera, impedindo-os de ouvir o canto.

A terceira figura alegórica se baseia nessa diferença de tratamento que reserva ao capitão o privilégio da audição, enquanto os trabalhadores devem permanecer surdos para levarem adiante o barco. Segundo Adorno e Horkheimer, "a fruição artística e o trabalho manual já se separam na despedida do mundo pré-histórico".[85] Remetendo à dialética do senhor e do escravo elaborada por Hegel na *Fenomenologia do espírito*, os autores encaram o episódio como uma imagem do mundo do trabalho e da dominação do homem pelo homem, numa consideração que evidencia a crítica à sociedade capitalista contemporânea. Para os remadores, o canto significa aquilo que lhes é vedado, um prazer ao qual não têm acesso e que representa o perigo de um desvio da tarefa imposta a eles.

Os filósofos refletem sobre o papel da experiência artística na sociedade contemporânea a partir da tese de que o canto das sereias "ainda não foi reduzido à impotência da arte".[86] Isso porque haveria, na experiência do canto, uma potência capaz de abalar o rumo do sujeito racional em sua busca de deixar para trás o passado mítico a fim de ordenar o tempo em função do progresso. As sereias prometem a Ulisses a rememoração dos grandes feitos em Troia e o conhecimento pleno do passado, mas o preço que cobram por esse conhecimento é o futuro. O canto oferece ao herói a exaltação daquilo que ele foi em Troia, acompanhada pela negação dos sofrimentos e das provações que ele teria pela frente. Ou seja, a afirmação plena do passado glorioso, prometida pelas sereias, significa desistir do futuro, portanto significa a morte.

A força de dissolução presente na experiência estética do canto remete, assim, ao passado mítico e mágico da humanidade no qual "cerimônias sociais mediadoras entre a autoconservação e a autodestruição" constituíam uma "tentativa do eu de sobreviver a si mesmo".[87] Nesse sentido, o canto se aproxima da embriaguez narcótica que aparece em outros episódios da *Odisseia*, com a promessa do prazer de regressar a um estado de natureza que dissolve a ordem social e a identidade dos indivíduos. Por meio de uma identificação mimética com a natureza, a humanidade primitiva buscava superar o pavor que surgiu no momento em que o homem se compreendeu como um ser separado da natureza e à mercê das forças dela.

Assim, a noção de impotência da arte está associada a uma reflexão sobre o papel da experiência artística no mundo civilizado, orientado para o progresso, portanto a uma avaliação da maneira como a arte é tolerada na prática social moderna e contemporânea. Ela precisa renunciar a qualquer pretensão de produzir conhecimento, precisa se manter como elemento isolado, inofensivo, isto é, como diversão domesticada e tolerada. Desse ponto de vista, o episódio das sereias aludiria ao caráter paradoxal da arte na sociedade, àquilo que se perde no "caminho da civilização", um caminho da obediência e do trabalho "sobre o qual a satisfação não brilha senão como mera aparência, como beleza destituída de poder". Adorno e Horkheimer interpretam a relação de Ulisses com o canto como alegoria dessa impotência ou domesticação da experiência estética: "Ele escuta, mas amarrado impotente ao mastro, e quanto maior se torna a sedução, tanto mais fortemente ele se deixa atar, exatamente como, muito depois, os burgueses que recusavam a si mesmos a felicidade [...]".[88]

Os filósofos identificam no canto das sereias ao mesmo tempo uma ameaça de dissolução e uma promessa de felicidade, um medo de perder o eu e uma entrega ao prazer irresistível da perda de limites. Mas os dois lados se misturam, já que a felicidade prometida remete à embriaguez da reconciliação com a natureza e à libertação das imposições do mundo civilizado. Com isso, a própria felicidade constitui a ameaça, porque faz o homem desejar desistir de sua identidade e de sua condição social. Ulisses experimenta a atração e ouve a promessa das sereias, mas as neutraliza.

Não se trata, então, de uma experiência apenas prazerosa, pois essa estratégia implica também uma renúncia à consumação do desejo, uma recusa daquela felicidade prometida pelo canto e desejada por quem o escuta. Numa reflexão que remete a temas elaborados por Freud em *Além do princípio do prazer*, o pensamento do herói seria "igualmente hostil à sua própria morte e à sua própria felicidade". Ulisses seria como os burgueses, pois "assiste a um concerto", "e seu brado de libertação já ecoa como um aplauso". Com isso, a sedução das sereias se transformaria, "neutralizada num mero objeto de contemplação, em arte", encarada como divertimento.[89]

PERSONAGEM NARRADOR

No início do excurso I da *Dialética do esclarecimento*, o leitor depara com a seguinte frase: "Assim como o episódio das sereias mostra o entrelaçamento do mito e do trabalho racional, assim também a *Odisseia* em seu todo dá testemunho da dialética do esclarecimento".[90] Entretanto, embora os autores usem a expressão "em seu todo", a interpretação privilegia os cantos da obra de Homero nos quais o personagem principal narra, em primeira pessoa, as desventuras de seu retorno a Ítaca.

Não é difícil justificar o recorte, uma vez que essa parte relativamente curta, que ocupa apenas quatro dos 24 cantos do poema, costuma ser a mais lembrada e também o momento privilegiado nas adaptações e resumos da obra de Homero. Por outro lado, causa estranheza o fato de um texto que menciona "a *Odisseia* em seu todo" não ressaltar uma das principais características do trecho em questão, a saber, que Ulisses naquele momento é, além de personagem, narrador. Gagnebin chama a atenção para o significado dessa omissão e remete a um comentário de Albrecht Wellmer, que já punha em xeque a ênfase em Ulisses apenas como personagem. Ele afirma: "a transformação do canto das sereias em obra de arte não ocorre realmente no barco de Ulisses, mas por meio do próprio 'canto' épico que canta sobre o canto das sereias e a resistência de Ulisses a seu poder irresistível".[91]

Ou seja, a questão de uma conversão da magia em arte diria respeito à narrativa do episódio pelo herói, mais do que à ação por ele narrada. Wellmer remete, por sua vez, a um texto de Todorov que examina as propriedades formais da narração na *Odisseia*, a fim de refutar a suposição de um relato simples e linear. O texto define a "fala-narrativa" — em oposição à "fala-ação" — como um discurso belo, poético, ligado ao prazer de ouvir.[92] Todorov pensa o canto das sereias como sublimação da fala-narrativa, pois elas produzem um tipo de discurso semelhante ao dos aedos, mas que não se interrompe jamais. "As sereias têm a mais bela voz da terra, e o seu canto é o mais belo [...]", mas do que falam? Fazendo referência às palavras atribuídas a elas na *Odisseia*, o autor conclui: "As sereias dizem uma coisa só: que estão cantando". Ao mesmo tempo, já que atraem os navegantes para a morte certa, esse canto sedutor equivale ao "ato mais violento de todos".[93]

O prazer e a beleza, aqui, dizem respeito a uma experiência incompatível com a continuidade da vida, a uma experiência-limite na qual a fala-narrativa se mostra como potência aniquiladora. Por isso, o canto das sereias a princípio não teria testemunhas, seria algo perdido, algo que desapareceria junto com aqueles que o experimentam. Para Jacyntho Brandão, "é como se a Sereia fosse uma espécie de Musa desregrada, enlouquecida, sem limites em sua operação, uma ampliação funesta do canto que supõe uma produção infindável e mortífera, porque prescinde totalmente da operação do poeta".[94] Nesse sentido, é exatamente a astúcia de Ulisses que preserva o canto, na forma de uma história narrada. A magia das sereias só pode ser transmitida de algum modo, como alegoria da beleza inapreensível e promessa de felicidade plena, porque o herói sobreviveu ao seu encantamento e o converteu em tema, rememorando seu próprio passado por meio da narração que faz na corte dos Feácios.

Se o personagem assume papel semelhante ao do aedo para narrar suas próprias aventuras, a ênfase dessa parte do poema não está só nas ações narradas, no conteúdo, mas também na atividade do narrador, na rememoração. Gagnebin percebe na omissão desse tema a perda de um elemento precioso "para se poder pensar melhor os potenciais da imaginação e da fantasia humanas que não se esgotam na alternativa aporética da dominação mítica *versus* dominação racional".[95] Nesse sentido, ressaltar a omissão permite incluir outro significado para o episódio das sereias, além daquele de uma "vitória do controle racional sobre os encantos mágico--míticos", privilegiado na *Dialética do esclarecimento*.

O SUBLIME

Adorno e Horkheimer enfatizam a noção de *beleza* para tratar do prazer e da sedução das sereias. Diante de Ulisses amarrado ao mastro, o canto delas se mostra como "mera aparência" e por isso soa como a arte soa para a burguesia: uma "beleza destituída de poder". Por outro lado, é porque "só sabem do perigo da canção, não de sua beleza", que os companheiros de Ulisses aceitam a situação e se tornam homens práticos que levam adiante, à força das remadas, o seu dominador.[96]

Ora, considero possível interpretar o episódio das sereias a partir de outra categoria estética e com isso extrair dele desdobramentos diferentes. Segundo essa hipótese, o encontro com as sereias remete não à noção do *belo*, mas à de *sublime*. Para explicar isso, relembro a caracterização clássica do sublime na estética moderna. O grande desafio das investigações e análises a respeito dessa categoria é compreender a causa de um prazer que vem da percepção de fenômenos que são a princípio ameaçadores, perigosos, propícios a ocasionar dor. É essencial nesses casos a noção de distanciamento, pois só quando está *em segurança* o observador pode contemplar tais fenômenos e experimentar duas sensações misturadas, que são 1) o terror (desprazer) diante de algo potencialmente destrutivo e 2) a admiração (prazer) diante de uma grandeza ou potência aparentemente ilimitada. Uma metáfora clássica para a condição de segurança e distanciamento do espectador é a do naufrágio contemplado a partir do litoral. Essa metáfora foi proposta na Antiguidade por Lucrécio no segundo livro de *Sobre a natureza das coisas* [*De rerum natura*], ao considerar o prazer de quem observa, em contraste com a aflição de quem se encontra na situação de perigo.[97] Relacionando a imagem ao sentimento do sublime, como propõe Hans Blumenberg, o naufrágio pode despertar prazer num observador que o contempla de fora, em terra firme, mas o homem dentro do navio, submetido às forças em jogo e ao risco iminente da morte, apenas reage aterrorizado.[98]

Pois bem, é essa metáfora que me leva a pensar a pertinência do sentimento do sublime no episódio do encontro de Ulisses com as sereias. Há dois elementos em jogo: as sereias cantando em sua ilha e Ulisses assistindo da embarcação. O canto aparece como um fator que, segundo as previsões, poderia causar a morte de quem o experimenta. Mais do que isso, tal como descrita por Circe, divindade que faz a previsão e ensina a estratégia para escapar dela, a chegada à ilha das sereias oferece uma visão aterrorizante:

> *Quem delas se acercar, insciente, e a voz ouvir das Sereias,*
> *ao lado desse homem nunca a mulher e os filhos*
> *estarão para se regozijarem com o seu regresso;*
> *mas as Sereias o enfeitiçam com seu límpido canto,*
> *sentadas num prado, e à sua volta estão amontoadas*
> *ossadas de homens decompostos e suas peles marescentes.*[99]

Assim, para o espectador que se encontra no barco, a visão descrita é a de um vestígio do naufrágio que o aguarda.

Remetendo à noção de sublime, considero essa cena das ossadas de homens como indício do primeiro momento de desprazer, ao qual se segue um segundo passo, capaz de transformar o terror em prazer. É preciso lembrar que o próprio canto, interpretado por Adorno e Horkheimer como "promessa de felicidade", não constitui uma negação dessa imagem da morte. Ele pode ser entendido, aliás, como uma confirmação da cena, porque promete o regresso ao passado, o abandono à temporalidade cíclica da natureza, a embriaguez de abrir mão das dores e dos sofrimentos da vida futura. Então o canto não deixa de indicar uma entrega à morte, uma aceitação da imagem aterradora que agora, sob o efeito do feitiço, mostra-se como prazer irresistível. Se a situação combina dois elementos contraditórios — o medo de perder o eu e a entrega ao prazer da perda de limites —, esse sentimento de prazer misto, no qual se articulam em dois passos o desprazer e sua transformação em prazer, deveria ser chamado de sublime.

Um dos elementos da metáfora clássica é o naufrágio, o outro é o espectador, nesse caso Ulisses, que se encontra no barco, em segurança, diante do evento potencialmente destruidor. Mas a segurança aqui é forjada e contraria a escolha do sujeito. Seguindo a astúcia ensinada por Circe, Ulisses está amarrado ao mastro, e os companheiros, com os ouvidos tapados, devem atá-lo com cordas ainda mais apertadas se ele quiser se livrar das amarras. Quando ouve o canto, esse observador — que Adorno e Horkheimer comparam com o frequentador moderno de concertos — deseja lançar-se ao mar e aceitar a promessa das sereias, mesmo conhecendo a cena aterrorizante descrita por Circe. Como está aprisionado, suas amarras constroem a segurança que, na teoria do sublime, permite uma contemplação estética de uma potência de dissolução. Mas, como o herói de fato é enfeitiçado pelas sereias, isso não significa uma neutralização no sentido de o espectador permanecer inabalado e vitorioso. A segurança forjada que permite experimentar o canto, e posteriormente narrar a experiência de ouvi-lo, preserva de algum modo o sentimento sublime que transforma a morte numa promessa de prazer irresistível. Se apenas as amarras, como convenções sociais previamente estabelecidas, impedem o herói de se entregar ao prazer a ponto de esquecer o seu caminho, a renúncia ao desejo dessa entrega é a astúcia que faz de Ulisses não só um espectador, mas também um narrador.

Se o poder das sereias diz respeito ao desejo desmedido de realização total, de plenitude, que só pode ser preenchido pela morte, então a neutralização desse poder por meio da astúcia significaria o resultado sempre doloroso da formação do indivíduo reflexivo, que aprendeu a afirmar a diferença e a distância. Com isso se aprende também um novo modo de prazer e de desejo, que se realiza na arte como outro canto (a narrativa poética do episódio por Ulisses) no qual ecoa aquele primeiro. Esse outro canto conserva algo do prazer e do desejo que implicavam a morte do indivíduo, de modo que, segundo Wellmer, "a morte das sereias é a origem da obra de arte".[100]

O que está em jogo é o caráter enigmático da arte, pensada como um tipo de conhecimento estético, como reconfiguração daquele conhecimento que se expressava no mito. Nesse contexto, o sentimento do sublime não pode ser entendido como conversão de um desprazer da inferioridade diante da natureza excessivamente poderosa no prazer de uma vitória da racionalidade. Não se trata da impotência da experiência artística, pois o sublime só pode existir na arte com outro significado: como conversão do sentimento de desprazer que constitui o abalo do indivíduo racional no prazer de desejar sua própria dissolução. O abalo e o risco aparecem como condição de possibilidade do não idêntico, e, com isso, do desejo e da renúncia que escapam às expectativas já construídas, aos clichês da arte transformada em mercadoria.

Na *Teoria estética*, Adorno menciona a noção kantiana do sublime ao elaborar a oposição entre o *abalo* que a arte pode provocar e a reificação ou conformação dos produtos da indústria cultural. Ele opõe uma experiência de liquidação do eu — na qual, enquanto abalado, o *eu* se dá conta da própria finitude — ao enfraquecimento desse *eu* promovido pelas mercadorias da cultura a serviço do mundo administrado. A conclusão é que: "O eu precisa, para que enxergue apenas um pouquinho fora da prisão que ele próprio é, não da distração, mas da mais extrema tensão [...]".[101]

Assim, o prazer está também em perceber aquilo que antes constituía a segurança do observador como construção social e como aprisionamento. Esse prazer levaria Ulisses a se dar conta das cordas que o prendem ao mastro e, tomando consciência de que são elas que impedem a felicidade plena, desejar soltar-se. Pegando emprestadas as palavras de Adorno, só desse modo é possível ao eu enxergar apenas um pouquinho para fora da prisão que ele próprio é. Apesar das amarras das convenções sociais, a arte poderia criar no espectador o desejo de se lançar, o anseio do naufrágio.

PARTE 2
REI LEAR

A REDENÇÃO DE LEAR

E isso é tudo a que aspira o meu poetar: juntar e compor em unidade o que é fragmento e enigma e horrendo acaso.
Friedrich Nietzsche

ADAPTAÇÃO DE UMA ADAPTAÇÃO

Como ocorre com a grande maioria das peças de Shakespeare, *Rei Lear* é uma adaptação de uma história já existente. Sua trama principal se baseia nos relatos a respeito de um rei que teria governado a Bretanha em tempos remotos, por volta de 800 a.C. Os feitos desse personagem são contados, por exemplo, nas *Crônicas da Inglaterra, Escócia e Irlanda*, de Raphael Holinshed, uma das obras que Shakespeare costumava consultar para escrever dramas históricos e tragédias.

Em linhas gerais, as narrativas sobre o antigo rei bretão desenvolvem um enredo semelhante ao de uma fábula, do qual faço um breve resumo. A fim de abdicar da coroa e dividir seu reino entre as herdeiras, Lear realiza uma cerimônia na qual as filhas precisam declarar seu amor absoluto por ele. O resultado é que o monarca acaba por dividir o reino entre as duas filhas mais velhas, depois que declaram amá-lo mais do que tudo na vida, porém deserda a filha mais nova porque ela se recusa a fazer uma declaração semelhante. Apesar da perda do dote antes prometido, a princesa deserdada, que na verdade é quem realmente ama o pai, casa-se com o rei da Gália. As duas herdeiras do reino reduzem Lear à miséria e o expulsam de casa, mas ele consegue viajar ao encontro da filha mais nova. Então os dois se reconciliam, e o exército comandado pelo marido dela conquista a Bretanha para restituir o antigo monarca ao trono.

Por volta de 1606, quando Shakespeare escolheu o tema e começou a escrever a peça, essa lenda que se passa na Bretanha de tempos pré-cristãos já tinha sido resgatada por alguns outros autores, como John Higgins, em *Mirror for Magistrates* [Espelho para os magistrados] (1574), e Edmund Spencer, no poema *The Faerie Queene* [A rainha das fadas] (1590-96), obras que o dramaturgo pôde consultar junto com a crônica de Holinshed. Mas sua principal fonte foi uma peça elisabetana, encenada na década de 1590, cujo texto foi publicado em 1605, sem indicação de quem era o autor, sob o título *The True Chronicle History of King Leir, and His Three Daughters, Gonorill, Ragan, and Cordella* [A verdadeira crônica histórica do Rei Leir e suas três filhas, Goneril, Regan e Cordélia].

A versão de Shakespeare provavelmente começou a ser escrita alguns meses depois da publicação da peça anterior, mas a primeira edição apareceu só em 1608. No frontispício dela, o nome do dramaturgo está destacado, e o título se assemelha ao da obra que lhe serviu de fonte, com o acréscimo dos termos "vida" e "morte", além de uma pequena mudança no nome do protagonista ("Lear" em lugar de "Leir"): *True Chronicle Historie of the Life and Death of King Lear and His Three Daughters* [Verdadeira crônica histórica da vida e morte do Rei Lear e suas três filhas]. Sob o título, são mencionadas encenações realizadas tanto no palácio de Whitehall, diante do rei James I, quanto no teatro Globe.

No frontispício da edição de 1608 de *Rei Lear*, noto também que está indicada a trama secundária acrescentada pelo autor ao enredo de *Rei Leir*: "Com a vida desafortunada de Edgar, filho e herdeiro do conde de Gloucester, e seu humor taciturno e assumido de Tom de Bedlam". Esses personagens, que não faziam parte da peça anterior, foram tirados de um romance pastoral de 1590, *A Arcádia*, mais especificamente do trecho que narra a deposição do rei da Paflagônia por seu perverso filho bastardo, responsável por cegar o pai e abandoná-lo na miséria, e depois a reconquista do reino pelo filho legítimo.[1] Elementos decisivos dessa parte do romance ressurgem na peça: a perversidade do filho bastardo, que incrimina o irmão e engana o pai para tomar seu lugar; o velho governante que, traído, vaga cego pelos campos com a intenção de se suicidar; o filho legítimo que se esconde para consumar sua vingança.

Apenas na edição bastante modificada incluída no Primeiro Fólio (coletânea póstuma das obras teatrais de Shakespeare publicada em 1623), a peça passaria a se chamar *A tragédia de Rei Lear*. Essa troca de nome me parece especialmente significativa, já que indica a decisão dos editores de reservar a designação de "*Histories*" para as obras que tratam da história inglesa — em ordem cronológica, de *Rei João*, que se passa no início do século XIII, até *Henrique VIII*, sobre o reinado do pai da rainha Elizabeth I, já no século XVI —, enquanto *Rei Lear* foi classificada entre as "*Tragedies*", ao lado de peças como *Romeu e Julieta*, *Hamlet*, *Otelo* e *Macbeth*.

Pois bem, com base na história usada como fonte, *Rei Lear* poderia ser uma peça edificadora de redenção, na qual o erro do protagonista seria perdoado pela única filha que de fato o amava, Cordélia, enquanto as filhas cruéis e inescrupulosas seriam derrotadas. É isso que acontece no final da peça anterior, *Rei Leir*, que forneceu a Shakespeare o enredo principal. Ela termina com a vitória do exército do rei da Gália e a restituição do poder ao velho monarca, que torna a filha mais nova sua única herdeira. Essa adaptação teatral elisabetana, por sua vez, é fiel às crônicas históricas, segundo as quais Lear morre de velhice depois de ser reconduzido ao trono, e então Cordélia passa a governar a Bretanha. No entanto, as crônicas também contam o que aconteceu depois do período delimitado pela peça *Rei Leir*, durante o reinado de Cordélia: seus sobrinhos declaram guerra contra ela, acabam por fazê-la prisioneira, e a rainha se suicida na prisão.[2]

Comparando o enredo de *Rei Lear* com essa história extraída das crônicas, nota-se que Shakespeare aproveitou a ideia da prisão de Cordélia, deslocando sua morte, ocorrida vários anos depois da ação representada na peça, para um momento anterior à morte do rei. Com isso, além da inclusão de uma trama secundária, a principal alteração feita em relação ao enredo de *Rei Leir* foi a substituição do final feliz por um final catastrófico.

A reconciliação entre Lear e Cordélia ocorre no quarto ato, antes da batalha que se anuncia. O propósito da cena dessa reconciliação me parece ser o de despertar a compaixão que, na sequência, acentuará o sofrimento provocado pelo desfecho no qual a morte da filha leva o pai ao desespero e causa sua própria morte. A trama principal da tragédia, que gira em torno da família real, desenvolve-se de maneira a preparar esse final trágico e provocar o máximo de reação emocional a ele.

Cordélia, a filha deserdada que tinha partido do reino no início da peça para se casar com o rei da França, reaparece depois de um longo intervalo, à frente do exército do país estrangeiro. Sua entrada em cena é precedida por uma descrição que não só ressalta o afeto autêntico pelo pai, em contraste com a frieza das crueldades praticadas pelas duas irmãs, como também projeta sobre ela a imagem de uma divindade favorável, ou de uma santa piedosa.

Em conversa com Kent, fiel servidor de Lear, um fidalgo fala do choro de Cordélia ao saber o que tinha ocorrido com o pai: "De ora em vez uma longa lágrima escorria/ Na sua terna face", mas ela "parecia tão régia/ Vencendo sua paixão que, ali, como um rebelde,/ Tentava dominá-la". Kent pergunta se ela "ficou comovida", e seu interlocutor descreve a alternância de "mágoa e paciência", de sorrisos e prantos, como "chuva e sol ao mesmo tempo", os "lábios tenros" mostrando a alegria com o iminente reencontro enquanto olhos derramavam "pérolas a gotejar dos vivos diamantes".[3]

Quando o reencontro entre pai e filha ocorre, no final do quarto ato, o amor e a piedade de Cordélia curam o velho rei da loucura furiosa que a crueldade das duas irmãs mais velhas tinha causado. Mas depois disso, no quinto ato, ao contrário do que ocorre na peça *Rei Leir*, o exército da França é derrotado. A batalha, que não aparece em cena, resume-se à indicação, por meio de uma rubrica, do alarido de guerra vindo do fundo. O anúncio da derrota é breve e contundente: Edgar, que naquele momento conduzia seu pai cego pelos campos, diz que "O rei Lear foi vencido. Ele e sua filha, presos!".[4]

Entretanto, apesar da derrota na batalha, os desdobramentos posteriores despertam no público (ou no leitor) a esperança de que Lear e Cordélia sejam salvos. Há uma sucessão surpreendente de peripécias no final da peça, e o resultado é que os três grandes vilões (Edmund, Goneril e Regan) acabam mortos. O filho bastardo de Gloucester, Edmund, é derrotado e mortalmente ferido em duelo com seu irmão, mas sobrevive por tempo suficiente para ouvir a notícia de que suas duas amantes, as filhas más de Lear, morreram por sua causa. Regan foi envenenada pela irmã, que por sua vez se suicidou depois de confessar ser a assassina.[5]

Restaria então, para que a peça terminasse bem, que Lear e Cordélia fossem resgatados da prisão por seus defensores Albany, Kent e Edgar, os três personagens principais que seguem em cena vivos. Só que a ordem para trazer o rei e sua filha é dada tarde demais. O último gesto do vilão Edmund, que ele anuncia como a intenção de "fazer algum bem" apesar de sua natureza, é pedir que mandem alguém rapidamente ao castelo, a fim de evitar que seja cumprido um comando por escrito que "paira sobre a vida de Lear e Cordélia".[6] O final da peça mostra a comovente entrada em cena do pai com a filha morta em seus braços. A dor profunda, expressa em lamentos desesperados, é demais para o protagonista, que morre de tristeza, deixando um rastro de desolação diante do qual os presentes só podem "assentir ao peso deste instante extremo" que encerra a tragédia.[7]

HISTÓRIA DA RECEPÇÃO

O final devastador de *Rei Lear* contribuiu, desde o século XVII, para a complexa e problemática recepção dessa tragédia por parte da crítica e do público. A opção de Shakespeare de terminar a peça com a morte de Cordélia e de Lear, contrariando o enredo de sua fonte principal, sempre provocou reações intensas, desde a rejeição e a censura, passando por tentativas de justificar a desolação do desfecho, até a constatação de que se trata de uma obra-prima sublime e inigualável.

Aliás, a associação dessa tragédia com a noção de sublime me parece especialmente relevante quando se considera a valorização da obra de Shakespeare pelo movimento romântico, ao longo do século XIX. Desde o início desse movimento, o conceito de trágico, herdado dos debates acerca da poética clássica, passou a ser relacionado à categoria estética do sublime tal como pensada no século XVIII por filósofos como Burke e Kant. Definido como um sentimento de prazer distinto do belo, o sublime foi associado às forças da natureza que o ser humano não pode controlar, aos fenômenos grandes

O MAR, O RIO E A TEMPESTADE

demais ou fortes demais diante dos quais uma pessoa se sente insignificante. A sensação prazerosa despertada por tais fenômenos depende da segurança do espectador. Por não estar diretamente submetido ao poder de destruição de um vulcão ou de uma tempestade no mar é que alguém pode contemplar esteticamente uma erupção vulcânica ou um naufrágio em meio a relâmpagos e trovões. Trata-se, assim, de um prazer que vem de um desprazer inicial, causado pela sensação de insignificância do observador diante de fenômenos que parecem sem limites, tão grandes ou tão poderosos que ele não consegue abarcar ou enfrentar. Por essa falta de limites, por seu caráter inabarcável, levam o observador a pensar em uma dimensão superior, na ideia de uma instância elevada ou grandiosa que escapa da escala do mundo ordinário. A imensidão do mar ou de uma catedral remete, portanto, à ideia de infinito, ou de Deus; a força da tempestade, quando enfrentada, provoca a impressão de um heroísmo que supera as capacidades físicas, pois se manifesta mesmo diante daquilo que pode destruir o indivíduo.

No final do século XVIII, com base nos ensaios do poeta e dramaturgo alemão Friedrich Schiller, teóricos ligados ao Romantismo passaram a explicar a tragédia como uma forma artística que produzia a experiência do sublime. Mostrar o patético, o sofrimento do herói trágico e sua resistência ao sofrimento teria a função de produzir no espectador a sensação elevada de uma grandeza e de uma emoção intensa.[8]

Nesse contexto romântico, *Rei Lear* foi, ao longo do século XIX, uma peça especialmente associada às noções de grandioso e de sublime. Destacava-se nela o contraste entre o ambiente civilizado e o natural, além da forma como apresenta o sofrimento patético do protagonista, que se vê exposto à fúria de um temporal. Como observa o crítico Jan Kott, "a imaginação romântica reconhecia facilmente no *Rei Lear* a sua paisagem favorita: castelos lúgubres, choupanas, desertos, lugares misteriosos e assustadores, rochedos ameaçadores e brancos ao luar".[9] Um dos principais teóricos do Romantismo alemão, Friedrich Schlegel, avaliou que a peça esgotava a "ciência da compaixão", mostrando "uma queda da mais alta elevação no abismo da miséria, em que a humanidade é despojada de todas as vantagens externas e internas, e oferecida em sacrifício ao desamparo".[10] William Hazlitt, um dos grandes nomes do Romantismo inglês, decretou qué *Rei Lear* "é a melhor de todas as peças de Shakespeare, pois é aquela na qual foi mais honesto. Aqui ele foi capturado pela rede de sua própria imaginação".[11] Victor Hugo, o mais renomado representante do Romantismo francês, compara *Rei Lear* às "torres formidáveis das catedrais" e equipara a tragédia a *Hamlet*, *Otelo* e *Macbeth* como um dos pontos culminantes da obra do dramaturgo, que ele trata como ídolo, digno de devoção religiosa.[12]

Levando em consideração o estatuto que a peça tinha alcançado a partir das avaliações românticas, o crítico inglês Andrew Cecil Bradley constatou: "*Rei Lear* tem sido constantemente descrita como a obra-prima de Shakespeare, a melhor de suas peças, a tragédia em que exibe de modo pleno seu talento multiforme".[13] Essa afirmação se encontra em *A tragédia shakespeariana*, de 1904, estudo das quatro grandes tragédias (*Hamlet*, *Otelo*, *Rei Lear* e *Macbeth*) que se tornou, ao longo do século XX, uma das principais referências para quem pretendesse discutir o trágico em Shakespeare.

Influenciado pela crítica romântica, Bradley faz uma reflexão a respeito da ambivalência que se pode constatar na história da recepção de *Rei Lear*. No início do século XX, a tragédia ao mesmo tempo era descrita como a obra-prima de Shakespeare e "certamente a menos popular dentre as quatro mais célebres" estudadas no livro, "a menos representada sobre os palcos, e a menos exitosa neles".[14] O crítico pondera: "*Rei Lear* me parece a maior realização de Shakespeare, mas não me parece sua melhor peça".[15] A demonstração dessa dualidade exigiria um reconhecimento das deficiências dramatúrgicas da obra, inferior a *Hamlet*, *Otelo* e *Macbeth* caso fosse encarada como composição teatral. Só que a indicação de tais deficiências no livro de Bradley tinha a finalidade de revelar, para além delas, aquilo que dava à peça a sua grandeza peculiar em temos poéticos e filosóficos, o "extraordinário efeito imaginativo" que faria dela uma obra de arte superior às outras grandes tragédias. A formulação inicial dessa superioridade se expressa com a afirmação, por parte do crítico, de que se trata de uma peça "grandiosa demais para o palco".[16] Bradley remete a um fato curioso que atestaria a falta de prestígio de *Rei Lear* no meio teatral: a tragédia ficou pelo menos 150 anos fora de circulação e só em 1838, sob a influência da leitura de William Hazlitt, voltou a ser montada na Inglaterra em sua forma original.

A valorização romântica de *Rei Lear* pode ser entendida, então, como uma *reavaliação*, que contrariava a recepção característica de um momento anterior no qual essa tragédia foi desvalorizada e censurada. Para entender isso melhor, é preciso levar em conta a profunda ruptura que ocorreu na história do teatro inglês em meados do século XVII. No início da década de 1640, com a Revolução Puritana, o rico e produtivo período do teatro no qual Shakespeare se insere foi interrompido. Após assumir o poder, o Governo Puritano de

Oliver Cromwell não só proibiu qualquer atividade teatral em solo inglês, como também destruiu os teatros típicos desse período anterior, que desde as últimas décadas do século XVI gozavam de grande popularidade. Só a partir de 1660, com a restauração da monarquia, houve uma retomada das atividades teatrais na Inglaterra.[17] Esse hiato de quase vinte anos teve consequências decisivas para a recepção da obra de Shakespeare, pois a retomada ocorreu em um contexto no qual o modelo do classicismo francês se tornaria cada vez mais dominante. Nas últimas décadas do século XVII, passaram a imperar as noções de comedimento e elegância que seguiam o exemplo do teatro de corte de autores como Racine e Corneille, um modelo de dramaturgia muito diferente do tipo de teatro popular que existia em Londres antes da Revolução. Uma poética rigorosa passou a estabelecer as regras da composição das tragédias, com o respeito às três unidades (de tempo, espaço e ação), o princípio de separação dos estamentos sociais que excluía personagens plebeus dos enredos trágicos e a condenação da mistura de gêneros.

Desse modo, quando obras que fizeram sucesso décadas antes voltaram a ser montadas nos palcos ingleses, elas foram adaptadas ao gosto e às normas do final do século XVII. Shakespeare, apesar do grande sucesso que tivera durante sua carreira, não era considerado então um grande gênio poético, apenas um dramaturgo talentoso de um período anterior que, por falta de conhecimento das regras clássicas, tinha escrito peças supostamente cheias de falhas. Suas tragédias, em particular, contrariavam quase tudo o que era preconizado pela poética classicista, pois não só continham diálogos cômicos que envolviam personagens plebeus, como também excediam os limites espaciais e temporais adequados, desenvolvendo diversas ações paralelas. Como observa Marlene Soares dos Santos, o autor não era, aliás, nem sequer o mais célebre entre os dramaturgos do período elisabetano-jaimesco cujas peças voltaram a ser encenadas na Inglaterra. Entre os autores retomados a partir de 1660, os mais valorizados eram seus sucessores, como John Fletcher e Ben Jonson.[18]

A consagração de Shakespeare e sua elevação ao patamar que ele ocupa hoje na cultura ocidental só começariam a ocorrer na segunda metade do século XVIII, mais de cem anos depois da Restauração. Um marco fundamental para a mudança na avaliação do autor em relação a seus pares e, com isso, para a construção de sua imagem primeiro como grande poeta nacional, depois como monstro sagrado do teatro e da literatura mundial, foi a comemoração do jubileu do aniversário de Shakespeare em 1769, na sua cidade natal Stratford-upon-Avon, promovida pelo ator David Garrick. Considerado "o maior ator inglês do século XVIII", Garrick decretou que o dramaturgo era "o deus da nossa idolatria", abrindo caminho para uma exaltação do nome de Shakespeare que seria repetida depois por muitos escritores românticos, de Goethe a Victor Hugo.[19]

ADAPTAÇÃO CORRIGIDA

O caso de *Rei Lear* me parece especialmente significativo para revelar a complexidade e o caráter tortuoso do percurso de consagração de Shakespeare. Isso porque a adaptação dessa tragédia segundo o gosto e as regras do classicismo de fato substituiu a versão shakespeariana até meados do século XIX. O poeta irlandês Nahum Tate fez a adaptação em

1681, vinte anos após a Restauração. Além de modificações pontuais, a principal contribuição de sua versão, chamada *A história de Rei Lear*, diz respeito ao final. Em lugar do desfecho trágico, a peça tem um final feliz que articula a trama principal e a secundária: Lear sobrevive, retoma o poder e vê sua filha Cordélia se casar com Edgar, o filho legítimo de Gloucester.

Além de converter a peça em uma fábula de restauração da monarquia que combinava com aquele momento histórico, Tate lhe deu um caráter exemplar de edificação moral, já que os vilões são derrotados, enquanto os heróis justos, piedosos e arrependidos de seus pecados são recompensados depois de todo o sofrimento. Com esse desfecho, a obra deixou de ser uma tragédia e, embora usando os elementos da versão shakespeariana — como a costura das duas tramas familiares, de Lear e de Gloucester —, recuperou o sentido de redenção presente no final da peça elisabetana *Rei Leir*.

Uma vez que, comparadas com a versão shakespeariana, tanto a peça fonte quanto a adaptação são mais fiéis à biografia do antigo rei da Bretanha contada pelos cronistas, pode-se considerar que Tate pretendeu corrigir o erro cometido por seu célebre antecessor ao condenar à morte os protagonistas. E ele foi muito bem-sucedido nessa correção, já que do final do século XVII até meados do século XIX, quando se encenava *Rei Lear*, o texto usado era o de sua adaptação. O fato de essa substituição ter durado mais tempo do que no caso de outras obras de Shakespeare me parece indicar o quanto o desfecho dessa tragédia era considerado chocante, incômodo e difícil de aceitar.

Correspondendo ao período de rejeição por parte de espectadores e encenadores, também no campo da crítica especializada *Rei Lear* foi, entre as grandes tragédias shakespearianas, a mais contestada. Um nome que se destaca nesse campo é Samuel Johnson, um dos mais importantes críticos literários ingleses de todos os tempos e uma referência na virada da avaliação de Shakespeare que abriu caminho, nas últimas décadas do século XVIII, para a consagração do autor pelo Romantismo. Em 1765, poucos anos antes das comemorações do jubileu de aniversário promovidas por Garrick, Johnson foi o responsável por uma nova edição das obras de Shakespeare. No prefácio dessa edição, até hoje estudado como um trabalho exemplar de crítica literária, ele evita subordinar sua apreciação das peças aos critérios da poética classicista, procurando compreendê-las em função do efeito que pretendiam alcançar, não de sua correspondência a um modelo prévio. Sem deixar de analisar eventuais limitações e defeitos das obras, o "Prefácio a Shakespeare" discute a importância das emoções na poética clássica e questiona a validade das censuras dirigidas ao dramaturgo. Um dos veredito mais gerais de Johnson formula uma ideia que, mais tarde, seria um tópico recorrente da crítica romântica: "Shakespeare é, acima de todos os escritores, ao menos de todos os escritores modernos, o poeta da natureza, o poeta que apresenta a seus leitores um espelho fiel dos costumes e da vida".[20]

Ora, nessa célebre revalorização de Shakespeare empreendida por Johnson, *Rei Lear* se destaca justamente como um exemplo negativo. O crítico confessa que, muitos anos antes de preparar aquela nova edição, tinha ficado tão chocado com a morte de Cordélia que não sabia se aguentaria ler novamente as últimas cenas da peça caso não tivesse a obrigação de revisá-la como editor. Esse choque da primeira leitura o leva a duas constatações que, no contexto da história da recepção, podem servir como fundamentações teóricas da rejeição da tragédia. Uma dessas constatações é a de que a opção de matar a filha virtuosa de Lear constitui uma "causa contrária às ideias naturais de justiça, à esperança do leitor e, o que é ainda mais estranho, à fidelidade às crônicas".[21] Ou seja, quando se consideram as fontes da peça, não há justificativa para submeter o leitor (ou espectador) ao choque e ao sofrimento de tal desfecho. Por outro lado, avaliando a reação provocada, Johnson constata que, "nesse caso, o público decidiu", já que "Cordélia, desde a época de Tate, sempre acaba com a vitória e a felicidade".[22] Ou seja, com base em sua própria experiência, Johnson não só concorda com a tendência do público de desaprovar o final de *Rei Lear*, como também endossa a substituição da versão shakespeariana pela adaptação de Tate.

Em um livro recente, a crítica britânica Emma Smith resume o percurso tortuoso da recepção de *Rei Lear* em três movimentos: "1) A peça de Shakespeare é cruel demais; 2) A peça de Shakespeare é na verdade bastante esperançosa no final; e, por fim: 3) não, é realmente cruel, mas assim é a vida".[23] Smith analisa os momentos principais dessa recepção, a fim de mostrar o que está por trás da radical mudança de atitude dos leitores e espectadores. O primeiro momento, no qual a peça foi censurada devido ao excesso de crueldade, pode ser ilustrado pela reação de Samuel Johnson que acabo de mencionar. O segundo momento, de explicação do caráter esperançoso e sublime do desfecho, corresponde aos desdobramentos da crítica romântica que levaram à avaliação feita por A. C. Bradley à qual me referi antes.

Em seu comentário de *Rei Lear*, Bradley recorre às categorias da poética aristotélica para ponderar que o resultado final dessa tragédia é que "a piedade e o horror, levados talvez ao extremo da arte, misturam-se de tal forma à sensação de lei e de beleza, que experimentamos, por fim, não depressão e, menos ainda, desespero, mas uma consciência da grandeza na dor, e de uma solenidade no mistério que não nos é dado sondar".[24] Assim, a constatação de que a peça é grandiosa demais para o palco, além de justificar suas deficiências dramatúrgicas e a quase impossibilidade de encená-la a contento, leva o crítico a tentar definir no que consiste essa amplitude que transcende os limites do gênero teatral. Comparações com outras realizações artísticas grandiosas, de *Prometeu acorrentado* e a *Divina comédia* até as sinfonias de Beethoven, estabelecem os parâmetros da avaliação de *Rei Lear* como "um dos maiores poemas do mundo".[25] A grandeza peculiar desse poema seria constituída por diversos fatores: "o imenso escopo da obra; o volume e a diversidade de experiências intensas que contém; a interpenetração da imaginação sublime [...]; a amplitude da convulsão tanto da natureza quanto das paixões humanas [...]". Mesmo elementos que podem ser vistos como problemáticos e que dificultam a montagem, como "a imprecisão do ambiente onde se desenrola a ação" ou "a atmosfera estranha, desolada e sombria", estariam a serviço da "insinuação de imensos poderes universais atuando sobre o destino e as paixões de cada um".[26]

Quanto a tais poderes universais, Bradley observa que, nessa peça, "referências a crenças e sentimentos religiosos ou irreligiosos são mais frequentes do que de costume nas tragédias de Shakespeare".[27] Há muitos exemplos: Edmund, que exclama "Tu, Natureza, tu és minha deusa", considera "a suprema imbecilidade do mundo" atribuir os desastres e os excessos humanos a qualquer tipo de imposição divina; Lear invoca divindades greco-latinas em seus ataques de fúria e, ao dialogar com raios e trovões de uma tempestade, menciona os "grandes deuses, que esse tumulto atroz lançam em nossa face".[28] Quando Lear e Gloucester são aniquilados, torturados física e psicologicamente, abandonados por seus filhos gananciosos para vagar por planícies desertas, os questionamentos provocados pelo espetáculo de ingratidão e injustiça a que esses velhos pais são submetidos se assemelham, para Bradley, aos do Jó bíblico.[29] Gloucester chega a declarar, quando vaga pelos campos, cego e desterrado: "Nós somos para os deuses/ como moscas nas mãos de garotos arteiros./ Nos esmagam por diversão".[30]

Essa constatação desamparada indica que o elemento religioso de *Rei Lear*, em vez de reforçar uma forma de crença estabelecida, impõe uma pergunta fundamental, de ordem metafísica. Ela pode ser formulada de várias maneiras, com base nas concepções e nos questionamentos de diferentes personagens: O que são os homens para os deuses? Qual é o poder supremo que movimenta o mundo? Existe a providência divina ou os homens estão abandonados à própria sorte? O Bem prevalecerá sobre o Mal? Trata-se da questão do "agenciamento", como indica Bradley, de modo que as várias perguntas podem ser resumidas em uma só: "O que governa o mundo?". No universo representado, cada vez mais incontrolável, cruel e lançado em desgraças que desafiam qualquer crença na justiça divina, os acontecimentos catastróficos provocam essa pergunta.

A situação trágica a que os velhos pais das duas tramas são lançados, ambos reduzidos à condição de absoluta miséria, muitas vezes levou os leitores ou espectadores a considerarem a peça pessimista, insuportável, cruel demais. No entanto, contrariando essa avaliação, Bradley defende que o sofrimento atroz de Lear e de Gloucester, com toda a violência a que são submetidos, desperta a compaixão e o sentimento do sublime. Sua tese é a seguinte: "Não existe nada mais grandioso e nobre, em toda a literatura, do que a exposição do efeito do sofrimento na ressurgência da grandeza e no despertar da afabilidade na natureza de Lear".[31] A própria morte de Cordélia, que levou à avaliação negativa de Samuel Johnson e de muitos outros leitores ou espectadores, é interpretada como uma brilhante solução dramática voltada para acentuar o extremo de horror e compaixão que proporciona uma experiência catártica. No momento da cena final em que o protagonista entra carregando o corpo da filha, "muito embora ele pereça de agonia e sofrimento, a agonia na qual efetivamente morre não é feita de dor, mas de êxtase", afirma Bradley.[32]

É especialmente relevante para essa interpretação do desfecho a exclamação final de Lear, antes de morrer: "Estão vendo isto?/ Olhem, olhem, é ela, os lábios, olhem: lá, lá".[33] Essa fala, aliás incluída apenas na versão do texto publicada no Fólio de 1623, mas não no texto de 1608, está ligada a um pedido que o protagonista faz antes, ao trazer o corpo para o palco e deitá-lo no chão. Mesmo constatando que "ela está morta como a terra", ele pede um espelho e diz: "Se seu sopro embaçar ou enfumar a pedra,/ Ela está viva".[34]

Como que para expressar o choque dos espectadores com o desfecho que contradiz todas as suas esperanças, Kent pergunta: "É esse o final prometido?". E Lear, com os olhos fixos no rosto da filha, afirma: "A pluma se mexe. Ela vive. Se é assim,/ É um acaso que redime todo sofrimento/ Que até hoje senti".[35]

Considero que a afirmação do protagonista de que um acaso poderia redimir todo sofrimento pode funcionar, no fundo, como um comentário sobre a construção dramática do final dessa tragédia. Se por acaso Cordélia estivesse viva, o sentido da peça seria alterado e ela poderia ainda ser uma história redentora. Mas essa última possibilidade de redenção do sofrimento é uma ilusão, Lear é enganado talvez por um sopro do vento, e a morte da filha "lhe esmaga de um só golpe o coração", conforme admite Bradley. Mesmo assim, o crítico enxerga nesse final um êxtase sublime:

> Para nós, talvez, saber que ele está enganado pode significar o ápice da dor: mas, se significar apenas isso, acredito que não estamos fazendo jus a Shakespeare, e parece praticamente acima de qualquer dúvida que não fará jus ao texto o ator que não procurar expressar, nas últimas inflexões, nos gestos e no olhar de Lear, uma insuportável *alegria*.[36]

A identificação desse êxtase do protagonista, ao morrer na ilusão de que Cordélia está viva, leva Bradley a chamar a peça de "A redenção do rei Lear", compreendendo que a intenção dos deuses é "fazê-lo atingir, por meio de uma derrocada aparentemente irremediável, a própria finalidade e o objetivo da vida". Após aprender, como Jó, que "o poder, a posição social e todas as coisas do mundo, exceto o amor, não passam de vaidade", ele experimentaria os "extremos tanto do arrebatamento do amor como da agonia desse sentimento". Com isso, "não existe certamente, no universo poético, outro vulto a um só tempo tão magnífico, tão patético e tão belo quanto ele".[37]

TEATRO DO ABSURDO

A peça *Rei Lear* é na verdade bastante esperançosa no final, como afirma Emma Smith ao comentar o momento da história da recepção em que Bradley se enquadra. Ela avalia também que, se o século XIX ainda considerava *Hamlet* a obra-prima de Shakespeare, na primeira metade do século XX, marcada pelos horrores de Auschwitz e Hiroshima, *Rei Lear* "se insinuou na imaginação cultural" para ocupar esse lugar, passando a ser encarada como a mais acabada tragédia moderna da desolação.[38] A tentativa de encontrar esperança e explicar o caráter redentor do final da tragédia teria dado lugar, então, à tendência da crítica de valorizar essa desolação, considerando que a peça "é realmente cruel, mas assim é a vida". Esse terceiro momento da história da recepção pode ser exemplificado, segundo Smith, pelo trabalho do crítico polonês Jan Kott em seu livro *Shakespeare nosso contemporâneo*, de 1961.

No brilhante texto "*Rei Lear* ou *Fim de partida*", Kott considera indiscutível que "essa peça continua sendo considerada uma obra-prima, o ápice diante do qual mesmo *Macbeth* e *Hamlet* parecem tímidos e vulgares", mas, por outro lado, "*Rei Lear* dá a impressão de uma alta montanha que todos admiram", mas "ninguém parece muito interessado em escalar".[39] Até esse ponto, o autor retoma a reflexão de Bradley que comentei antes, sobre a dualidade, na recepção da tragédia, entre a avaliação crítica e a encenação. Mas a explicação dessa dualidade segue uma hipótese inovadora: o desinteresse dos encenadores se deveria ao fato de que, embora consagrada como uma obra-prima desde o século XIX, do ponto de vista de sua construção dramática a peça só foi realmente compreendida em meados do século XX, com base na perspectiva criada pelo teatro do absurdo.

PEDRO SÜSSEKIND

Segundo Kott, *Rei Lear* sempre confundiu os críticos e acumulou reações negativas (como a de Samuel Johnson), mas sua valorização no Romantismo, com a recuperação do texto original, motivou novas montagens. O problema era que a peça aparentava ser grandiosa demais para o palco, ou seja, as montagens pareciam não estar à altura do texto. A causa desse problema, na avaliação de Kott, era que as encenações seguiam os parâmetros do drama naturalista do século XIX, muito distante da visão do teatro na época de Shakespeare. Com isso, o protagonista velho e louco que deveria ser um herói trágico de repente não o era mais, pois se tornava ridículo numa representação realista.

Apenas a nova dramaturgia de Brecht, Dürrenmatt e Beckett, recuperando características do teatro elisabetano e das moralidades medievais, permitiria uma nova visão do teatro segundo a qual *Rei Lear* voltou a fazer sentido nos palcos. Essa nova visão do teatro, consolidada nas primeiras décadas do século XX com a crise do drama moderno, implicava a conversão do trágico em grotesco. Como define Kott: "Em última instância, a tragédia é um julgamento sobre a condição humana, uma medida do absoluto; o grotesco é a crítica do absoluto em nome da experiência humana frágil". O teatro de Brecht e Beckett se ocupava dos temas tradicionais das tragédias, como "a condição humana, o sentido da vida, a liberdade e a necessidade, a contradição entre o absoluto e a fragilidade da ordem humana", mas isso num mundo em que o absoluto aparece "dessacralizado e ridicularizado", transformado num "mecanismo cego".[40]

O espetáculo do grotesco, ao contrário da tragédia, não oferece nenhum consolo, nenhuma redenção, nenhuma justificativa do sofrimento baseada na ideia de submissão do homem a um plano superior, seja de determinações divinas, seja de forças naturais ou históricas. Com isso, mostra-se que o absoluto é absurdo, e que os seres humanos encontram-se encerrados num mundo fechado, numa peça, submetidos a mecanismos de que não podem escapar. Recorrendo a exemplos de Ionesco, Sartre e especialmente à peça *Fim de partida*, de Beckett, que dá nome ao texto, Kott observa que no teatro contemporâneo do absurdo as coisas que acossam os personagens desempenham "o mesmo papel de símbolos da condição humana e da situação do homem que a floresta, a tempestade ou o eclipse do sol em Shakespeare".[41] Essa aproximação fundamenta sua leitura de *Rei Lear* como uma obra sobre o absurdo da condição humana, num mundo em que os valores tradicionais foram reduzidos a cinzas.

Assim como Bradley, Kott considera que a segunda parte da tragédia tem como referência o Livro de Jó, uma vez que os personagens principais, expulsos ou exilados de seus castelos, vagam numa vastidão indefinida e desértica, questionando seu papel naquele mundo de desgraças e injustiça. Lear e Gloucester, como o protagonista bíblico, perderam tudo o que tinham e se veem convertidos em fragmentos arruinados da natureza. Eles são acompanhados pelo Bobo e pelo Pobre Tom, personagens tragicômicos que respondem às invocações da justiça ou da injustiça divina com gracejos sarcásticos e sandices escatológicas.

Se o tema geral da peça é uma interrogação sobre o sentido da jornada humana, "sobre a existência ou inexistência do Céu e do Inferno", nesse "novo livro de Jó" escrito numa época de declínio tanto dos valores medievais quanto dos valores renascentistas, "não se pode mais recorrer a Deus, à Natureza ou à História contra 'as torturas do mundo cruel'".[42] Todos os vínculos sociais da primeira parte da tragédia — corte, palácios, cerimônias, heranças, ordenamento social, deuses de nomes gregos — se desfizeram e parecem um sonho distante sob a ótica do Bobo, do velho, do mendigo ensandecido e do cego que atravessam as estradas e os campos. "É nesse plano que será representada a moralidade sarcástica e bufa sobre a condição humana", afirma Kott, antes de indicar pontos em comum entre as interações tragicômicas da peça de Shakespeare e os diálogos do drama beckettiano *Fim de partida* que envolvem Clov, o *clown* incapaz de sentar-se, e Hamm, o cego que não pode se levantar da cadeira de rodas.[43]

Com base nessa interpretação, a pergunta pelo agenciamento — O que governa o mundo? — articula a dimensão trágica da existência humana, de ordem metafísico-religiosa, com o encadeamento trágico da peça de Shakespeare, seu mecanismo de construção de uma catástrofe inevitável. Essa pergunta com a qual leitores e espectadores podem se identificar, projetando nela seus próprios questionamentos existenciais, é feita por personagens numa representação, submetidos aos caprichos do autor e às opções que ele faz em sua adaptação da história.

CRÍTICA CONTEMPORÂNEA

A recepção de *Rei Lear* desde a década de 1980, sob a influência do Novo Historicismo, seguiu a tendência de questionar as interpretações poéticas e filosóficas que projetavam sobre a peça visões de mundo românticas ou existencialistas. Um exemplo mencionado por Emma Smith é a reavaliação proposta por Jonathan Dollimore, num livro de 1984 chamado *Tragédia radical: Religião, ideologia e poder no drama de Shakespeare e de seus contemporâneos*. Para o autor, *Rei Lear* é uma peça sobre poder, propriedade e herança, temas que precisavam ser pensados a partir do contexto e da função do teatro inglês do início do período moderno.[44]

Críticos como Stephen Orgel e Stephen Greenblatt, dois dos principais teóricos do Novo Historicismo, desenvolveram nas últimas décadas essa linha de investigação das obras de Shakespeare. Especificamente quanto a *Rei Lear*, um exemplo recente é o livro de James Shapiro *O ano de Lear: Shakespeare em 1606*, publicado em 2015, que faz uma análise das características e dos temas da tragédia a partir de uma detalhada contextualização histórica do ano em que ela foi escrita.

Outro exemplo que destaco, nessa linha de abordagem contemporânea, é o artigo de Jonathan Bate "Shakespeare's Foolosophy", de 2001, que tem a intenção de discutir elementos filosóficos de *Rei Lear* inseridos no contexto da história intelectual do século XVI. Bate se dedica a mostrar a ressonância de textos ou de ideias de outros autores na peça de Shakespeare. O problema do agenciamento, formulado nas reflexões dos personagens sobre os deuses e a condição humana, é pensado como expressão de uma secularização da História típica do humanismo renascentista. A referência para essa concepção seria o livro *Método para a fácil compreensão da História*, publicado em 1566, no qual Jean Bodin divide a História em três tipos: humano, natural e divino.[45] O *Elogio da loucura*, de Erasmo de Rotterdam, seria a referência para a construção do personagem do "bobo sábio" que acompanha o protagonista e comenta seus erros. O ensaio de Montaigne "Apologia de Raymond Sebond" teria fornecido a base tanto para o ceticismo de Edmund quanto para a crítica da presunção humana por Edgar disfarçado de Pobre Tom. O fato de Lear chamar esse mendigo maltrapilho de "filósofo" é analisado por Bate levando em conta a apropriação irônica, na obra de Shakespeare, de escolas filosóficas da tradição helenística, como o estoicismo e o cinismo.

No início do artigo, ao situar sua proposta em relação à crítica contemporânea, o autor faz uma classificação das diversas abordagens históricas que se tornaram comuns na recepção de *Rei Lear* a partir do advento do Novo Historicismo na década de 1980. A primeira abordagem corresponderia à discussão "do uso que a peça faz do *passado humano* e em particular das crônicas da história remota da Bretanha (semimítica) por meio da qual ela explora questões de identidade nacional". A segunda consiste na "análise da relação da peça com seu presente humano, seu próprio momento histórico". Já a terceira abordagem diria respeito ao "lugar que a peça ocupa no que, do ponto de vista de Shakespeare, seria o futuro humano, o que quer dizer uma consideração de sua sobrevivência teatral e crítica em relação com a história posterior".[46]

O comentário de Emma Smith que mencionei antes pode ilustrar esse terceiro tipo de abordagem histórica, voltado para a avaliação do complexo processo de recepção da peça. Mas a autora recorre a um elemento do presente histórico do dramaturgo (procedimento do que Bate classificou como o segundo tipo de abordagem) ao chamar atenção para as diferenças entre as duas versões existentes do texto shakespeariano: *A verdadeira crônica histórica de Rei Lear*, de 1608, e *A tragédia de Rei Lear*, de 1623. Segundo Smith, no âmbito dos estudos historicistas dos últimos quarenta anos, a comparação entre as duas versões fez da tragédia um marco para "a teoria agora amplamente aceita de que Shakespeare revisava suas próprias peças", contrariando uma concepção romântica do seu gênio infalível que tinha predominado até os anos 1970.[47]

Tanto a recepção crítica quanto a evolução, ao longo dos séculos, das diferentes montagens teatrais da peça podem ser consideradas partes complementares de um mesmo processo de reescritura e adaptação. Ao discutir as diversas leituras que funcionam como adaptações — a de Johnson, a de Bradley e a de Kott, entre outras —, a intenção de Smith não é propor uma forma de consideração correta e atual que negue as anteriores, mas mostrar como os críticos lidaram com a peça a partir de seus próprios termos históricos, culturais e estéticos, obtendo assim o Lear que era necessário para eles, que correspondia a uma determinada compreensão do trágico.[48] Levando em conta as diferenças entre as duas versões disponíveis da peça, o próprio Shakespeare seria o primeiro representante da longa história de poetas, críticos e encenadores que adaptaram e modificaram a peça em busca de uma depuração ou intensificação de seu efeito — em busca, portanto, da redenção de *Rei Lear*.

PEDRO SÜSSEKIND

O NADA
E A NOSSA CONDIÇÃO

... a liberdade não é um ser: é o ser do homem, ou seja, seu nada de ser.
Jean-Paul Sartre

A CATÁSTROFE

No decorrer dos três primeiros atos de *Rei Lear*, o protagonista decai da condição de monarca absoluto da Bretanha até uma situação de penúria em que, despojado de todos os seus bens, desabrigado, exposto a uma tempestade, ele constata: "Um homem sem comodidades é apenas um mísero animal desnudo, um bicho bípede [...]".[49] Considero que essa catástrofe tem diversos significados, pois o enredo aborda questões psicológicas, matemáticas, antropológicas e religiosas, numa peça que pode ser encarada como drama familiar, história política ou tragédia filosófica.

Quanto à elaboração dos personagens, um elemento especialmente relevante é a exploração das motivações psicológicas do protagonista. O conflito com as filhas, decorrente da decisão de entregar a elas o reino, acentua o processo de enlouquecimento que Shakespeare transformou em material dramático. Em contraste com a carga afetiva, o que está em jogo nas ações das herdeiras é uma lógica mercantil e desapaixonada, característica do mundo moderno, segundo uma visão de mundo na qual tanto o poder quanto o amor são quantificados e calculados como moedas de troca.

A derrocada psicológica de Lear se acentua pelo comportamento de Goneril e Regan, que o contrariam e repreendem, em vez de demonstrar o amor absoluto que esperava delas. Mas não me parece que esse comportamento seja mostrado na peça como uma injustiça, e sim como uma resposta a atitudes e falas que já contêm traços de insanidade senil. Assim, Shakespeare desenvolve o conflito da família real da Bretanha de modo ambíguo: embora as filhas sejam vilãs, que mais tarde agirão com requintes de crueldade, num primeiro momento elas parecem estar do lado da razão ao discutir com o pai. Afinal, as duas argumentam sensatamente diante dos rompantes, das injúrias e maldições de um velho que dá sinais de falta de juízo e, a cada contrariedade, reage de maneira irracional e impulsiva.

O início de *Rei Lear* mistura de forma surpreendente questões políticas e afetivas, já que o plano do monarca de dividir o reino entre as três herdeiras é submetido a uma espécie de competição amorosa. Antes de "se despir do mando, e da posse de terras, de encargos de Estado", Lear dirige às filhas a pergunta "Qual das três podemos dizer que nos ama mais?".[50] Ele condiciona à resposta de cada uma delas a distribuição dos territórios, representados no mapa da Bretanha que é aberto diante da corte. O poder político seria concedido em troca do afeto filial que ganha expressão nas belas palavras das herdeiras sobre seu amor infinito, verdadeiro e único.

Considero que a cerimônia de divisão do reino e transmissão do poder segue uma lógica mercantil, reforçada por comentários sobre os valores das coisas que estão em jogo no acordo político e familiar. Assim, embora a ação da peça possa ser situada num período remoto da Antiguidade pré-cristã, ela se articula segundo o espírito do início do século XVII, quando a obra foi escrita, uma época de transição entre a velha ordem feudal e as negociações pré-capitalistas típicas do mercantilismo. Problematizando o conflito de gerações e a sucessão no poder, *Rei Lear* apresenta, portanto, visões de mundo em conflito. Aos valores aristocráticos, às crenças e às expectativas de Lear e Gloucester (os velhos pais), opõem-se a frieza interesseira e o maquiavelismo da geração dos herdeiros.

A decisão de dividir o reino, já tomada pelo protagonista antes da cerimônia inicial, constitui um erro trágico que, no decorrer da primeira cena, tem como resultado uma operação matemática. O território representado no mapa seria dividido por três, mas, como o plano não funciona conforme o desejo do rei, ele passa a ser dividido por dois, e a terceira herdeira fica sem nada. Do ponto de vista do drama familiar, avalio que o evento decisivo da cena é justamente o conflito de Lear com Cordélia, sua filha mais nova, que se recusa a participar do teste de amor. Depois que Goneril e Regan fazem suas declarações e, com isso, recebem suas partes do reino, o pai pergunta o que Cordélia tem a dizer para "ter um terço mais opulento" que o das irmãs. A essa pergunta, na qual está indicada a quantificação mercantil do afeto, ela responde: "Nada, meu senhor".

A mesma palavra ecoa em seguida:

LEAR   Nada?
CORDÉLIA   Nada.
LEAR   Mas nada virá de nada.[51]

Desconcertado, o rei pede que sua filha caçula fale outra vez, mas ela o contraria obstinadamente e, no lugar da retórica afetiva das irmãs, pondera que ama o pai de acordo com seus laços filiais, "nem mais nem menos". Quando ele insiste para que a filha corrija essa fala a fim de "não afetar sua fortuna", essa ponderação conduz a um argumento ainda mais desapaixonado e pragmático. Levando em conta que estão ali seus dois pretendentes, o duque de Borgonha e o rei da França, Cordélia afirma que deverá conceder uma parte do seu amor ao futuro marido e que jamais se casará, como suas irmãs parecem ter feito, para amar apenas o pai.[52] Se o amor é quantificável, uma moeda de troca, então o pai não pode ficar com ele todo, já que espera celebrar o contrato de casamento da filha e, com isso, partilhar seu afeto.

A reação do rei à atitude de Cordélia é a primeira demonstração de sua fúria, expressa numa fala grandiloquente que invoca a "sagrada fulguração do sol", os "arcanos de Hécate e da tétrica Nyx", as "órbitas celestes" — tudo para deserdar a filha que, segundo ele, não deverá mais ter nenhuma acolhida ou piedade em seu peito.[53] Essa evocação de forças da natureza e divindades da mitologia greco-latina constitui um dos recursos usados por Shakespeare para situar a ação da peça num mundo arcaico, pré-cristão. No entanto, os diálogos enfatizam anacronicamente elementos sociais da época do autor, em especial o caráter mercantil das interações. Este se reforça quando os dois pretendentes são convocados para uma humilhação de Cordélia, depois que Lear, furioso, decide deserdar a filha preferida. Pois o dote que eles disputavam, o tal "terço mais opulento" mencionado antes, era o valor que a princesa tinha "quando era amada", mas agora "o preço caiu".[54]

Lear propõe a opção entre levar Cordélia ou deixá-la hostilizada, odiada, deserdada, "com uma praga como dote". O duque de Borgonha fica perplexo, a princípio incapaz de dar uma resposta, afinal ele não pode aceitá-la nessas novas condições evidentemente desvantajosas. Mas o rei da França desconfia da mudança de atitude, pois até aquele momento a princesa parecia ser a mais valorizada entre as filhas, objeto privilegiado dos elogios de Lear. Quem explica a ele o motivo da perda de estima é a própria Cordélia, que adota também a metáfora das trocas comerciais para se referir à medida do afeto. Segundo ela, a causa de sua queda não foi "um assassínio, uma imundice, uma ação incasta ou um ato degradante", mas algo de que carece e cuja falta a faz bem mais rica: "O olhar bajulador e certo tom de fala" que se alegra por não ter.[55] Segundo essa perspectiva, os valores estão invertidos, pois a perda da estima decorre da ausência de um defeito. A bajulação das irmãs, sinal de falsidade, foi recompensada, enquanto a sinceridade de Cordélia, que metaforicamente a faz bem mais rica, foi castigada.

Um amor falso, encenado, enfeitado por belas palavras ditas em certo tom, funciona como moeda corrente na negociação do poder político em troca do afeto filial. Lear se queixa da falta desse afeto nas falas da filha caçula, "tão jovem e tão sem ternura", e Cordélia responde a essa queixa ressaltando sua sinceridade, qualidade de que se orgulha: "Tão jovem, meu senhor, e verdadeira". Essa resposta, contudo, é a deixa para o primeiro arroubo de fúria do protagonista, introduzido por uma declaração que faz o câmbio entre valor afetivo e valor econômico ou político: "Pois seja. Adota a tua verdade como dote".[56] Com isso, a decisão de deserdar a filha mais nova reduz a verdade de Cordélia a um signo vazio segundo a perspectiva mercantil.

Na primeira cena da tragédia, portanto, a lógica comercial e a afetiva se misturam e se contrapõem, o que me parece indicado pela maneira como Shakespeare acentua o contraste entre os dois pretendentes a partir das diferentes medidas que usam para avaliar a princesa. A de um é mercantilista; a do outro, nobre, cavalheiresca. O duque desiste do casamento, por isso ouve de Cordélia que "seu amor não passa de honras e riqueza". O rei, em contrapartida, aceita como esposa "essa filha sem dote", declarando que ela é "tão rica sendo pobre, tão valiosa, mas desdenhada, amada, mas desprezada".[57]

Tendo perdido a noiva e as terras que com ela ganharia, o duque ainda tenta negociar quando o rei da França, argumentando que Cordélia "sozinha já é um dote", pergunta-lhe se ele pretende desposá-la. Dirigindo-se a Lear, ele oferece o título de duquesa da Borgonha em troca da porção do reino antes prometida, mas recebe como resposta a mesma palavra empregada antes por Cordélia para responder ao pai na sua vez de alardear o amor em troca da tal porção. Definindo qual seria o prêmio do pretendente que levasse sua filha, Lear diz: "Nada".[58]

OPERAÇÕES MATEMÁTICAS

Ao analisar a divisão do reino que o protagonista propõe no início de *Rei Lear*, posso concluir que os cálculos matemáticos de seu plano se revelam equivocados em pelo menos três sentidos. Em primeiro lugar porque, embora esteja entregando aos genros e às filhas o seu poder, com "todos os efeitos próprios da majestade", o monarca pretende guardar para si "o nome e as honras que cabem a um rei".[59] Assim, ele deseja conservar aquilo que toma como um valor absoluto, aquilo que constitui sua natureza e seu direito divino incontestável segundo a concepção feudal de legitimação do poder. Mas, com isso, separa o título de rei tanto de seus atributos materiais (a posse de castelos e terras) quanto de suas responsabilidades (o governo, o mando), tornando esse título que o definia (*Rei* Lear) um atributo sem nenhuma base material e sem nenhum efeito prático. A expectativa de manter o privilégio, mesmo abrindo mão de todas as responsabilidades, tem como fiadora a ilusão de um amor filial absoluto, corroborado pelas declarações de Goneril e Regan. Só que essas declarações não passam de palavras vazias, ditas por bajuladoras interessadas em conquistar o poder. Sem terras e sem responsabilidades, a condição de monarca se tornará, ela também, um signo vazio e dependente.

Em segundo lugar, o plano de divisão do reino concebido por Lear me parece questionável por preservar ilusoriamente uma unidade simbólica. A suposição é de que aquelas terras continuariam a ser o reino da Bretanha, e o antigo governante viveria a cada mês num castelo, numa metade do reino. No entanto, a transferência do mando e das responsabilidades estabelece dois territórios separados, com governantes diferentes. Resulta disso um problema matemático que ganha expressão material quando Lear, após investir Cornwall e Albany com seu poder e definir a parte do reino que cada um governará, afirma: "E para confirmá-lo partilhai entre vós essa coroa".[60] Desse modo, ele entrega o símbolo único de sua soberania — uma coroa que não pode ser dividida sem ser quebrada — como confirmação da partilha do reino.

Mas há ainda um terceiro problema de cálculo que identifico na cerimônia inicial de *Rei Lear*. Diz respeito à sobra da operação de divisão, já que o título de rei é reduzido a um signo vazio, a zero, o reino é dividido por dois, e mesmo assim Lear pretende ficar com cem. Depois que decide se despir do mando, da posse de terras e das responsabilidades do governo, o monarca avisa, dirigindo-se a Cornwall e Albany: "Quanto a nós, traremos junto cem cavaleiros que sustentareis; e a cada mês vamos residir com um de cada vez".[61] Portanto, uma centena de velhos companheiros de armas fiéis a Lear deverá acompanhar seu antigo senhor quando ele passar a viver como hóspede nos castelos que, a partir daquele momento, estarão sob novo governo. Evidentemente, como os cem companheiros representam ao mesmo tempo um considerável apoio militar e um oneroso aparato que os sucessores não têm nenhum interesse em sustentar, essa situação não demora a provocar conflitos e a se mostrar insustentável.

Sob a tutela de Goneril e Regan, a derrocada de Lear me parece ter nos primeiros atos uma precisão matemática, de acordo com raciocínios frios e impiedosos, desprovidos de afeto. O processo de redução do poder absoluto do velho rei começa na terceira cena da peça, que revela as consequências da cerimônia inicial para a relação entre o pai e a primeira filha a hospedá-lo. A cena é aberta por uma pergunta de Goneril que manifesta sua indignação com o comportamento de Lear: "Meu pai espancou meu cavalheiro porque repreendeu seu bobo?".[62] Ela apresenta assim um personagem fundamental da peça, que é mencionado pela primeira vez nesse momento e que constitui um acréscimo de Shakespeare ao enredo extraído de suas fontes, uma vez que ele não existia nem nas crônicas históricas nem na peça teatral anterior sobre a vida daquele rei da Bretanha.

Bobos da corte eram recorrentes no teatro elisabetano, especialmente em comédias, com a função de comentar de modo sarcástico as atitudes dos outros personagens. Shakespeare já tinha criado personagens com essa função, como o Touchstone de *Como gostais* (1599) e o Feste de *Noite de Reis* (1601). O Bobo de *Rei Lear*, que nem sequer tem nome próprio, oferece alívio cômico em meio às cenas da tragédia, mas também é responsável por comentar a situação e revelar, de maneira irônica, os erros do protagonista. Segundo o crítico Jonathan Bate, trata-se do melhor exemplo do tipo do "bobo sábio" que já tinha sido explorado por Shakespeare com Feste e Touchstone.[63]

O modelo desse tipo de personagem pode ser encontrado em diversas fontes, com destaque para o célebre tratado satírico *Elogio da loucura*, publicado em 1511 por Erasmo de Rotterdam. A Loucura, narradora desse tratado, explica que, por trás das "brincadeiras, risos, gargalhadas, diversões" voltados para dar prazer aos reis, havia sabedoria e sinceridade. Enquanto os outros cortesãos mentiam para bajular e tirar vantagens, os bobos da corte eram os únicos capazes de fazer censuras e revelar verdades dolorosas que, se ditas de maneira séria, despertariam ódio e castigos por parte dos governantes.[64]

A correlação entre sabedoria e bobice, entre sinceridade e ironia, constitui uma das principais características das intervenções dos bobos shakespearianos. Na comédia *Como gostais*, por exemplo, uma peça que tem semelhanças estruturais com *Rei Lear* pela oposição de dois ambientes, o da corte e o da floresta, o bobo da corte Touchstone relembra o provérbio: "O bobo pensa ser sábio, mas o homem sábio tem consciência de ser um bobo".[65] Em *Rei Lear*, essa mesma correlação aparece nas ironias do Bobo, em suas considerações sobre o seu papel na corte e sobre o comportamento do seu velho senhor, que abriu mão do governo. Cabe a ele dizer, por meio de gracejos sarcásticos, as verdades que os demais personagens não podem ou não têm interesse em revelar. Desse modo, seus comentários contrastam tanto com as mentiras interesseiras de aduladoras como Goneril e Regan, quanto com a sinceridade dos personagens sérios, como Cordélia e Kent, cujas tentativas de mostrar a Lear seu erro são retribuídas, na primeira cena, com maldições, ameaças e o castigo do exílio.[66]

Pois bem, voltando ao momento da peça que introduz o conflito entre Lear e sua filha mais velha, a cena mostra Goneril se queixando ao mordomo Oswald das afrontas e dos insultos do pai e do tumulto causado por seus seguidores. Bater num cavalheiro que repreendeu o bobo parece ter sido, então, apenas a última demonstração de um comportamento inadequado que já vinha ocorrendo. Por isso, ela não só decide tratar friamente o antigo monarca, como também recomenda que os serviçais do castelo adotem um "ar de desleixo lerdo" e "lancem olhares frios", a fim de provocar uma ocasião para confrontar o responsável por aquelas ofensas. Anuncia-se, assim, um plano que, quando começa a ganhar expressão na cena seguinte, gira em torno da ideia de *desquantificação*: diminuir o número de companheiros que fazem parte do séquito, número que pode ser avaliado como expressão simbólica do valor que tem o antigo rei.

Em termos matemáticos, a consequência da proposta de Goneril será a redução do valor de Lear de cem a zero, um resultado antecipado antes mesmo do encontro do pai com a filha, no momento em que o Bobo, em sua primeira aparição, avalia as consequências da decisão de seu senhor de dividir o reino. Ele conversa com Lear:

> BOBO   [...] Ah, bem que queria ter dois topetes e duas filhas.
> LEAR   Por quê, rapaz?
> BOBO   Se desse a elas todas as minhas rendas, pelo menos guardaria meu topete. Este aqui é meu. Pede outro às tuas filhas.[67]

As falas com que o Bobo atribui a seu senhor o próprio chapéu (o tal topete, ou barrete), e com isso o papel de bobo da corte, são seguidas de pequenas canções que satirizam a situação do protagonista. Quando Kent reage a uma delas dizendo "Isso é nada, bobo", ouve em resposta o comentário: "Então é igual ao fôlego de um advogado que não recebeu honorários — não me pagaram nada".[68]

Noto aqui que a insistência na palavra "nada", já destacada desde a primeira cena da peça, serve para introduzir o tema matemático do diálogo com Lear. O Bobo pergunta: "E tu, titio, não sabes do nada fazer nada?". Lear responde: "Claro que não, rapaz: não há nada que saia do nada".[69]

Trata-se de uma retomada, em outro registro, daquele diálogo inicial com Cordélia, no qual a palavra fora destacada. A sentença "Nada virá de nada" [*Nothing will come of nothing*] que o rei dissera ao retrucar a resposta "Nada", com a qual a filha tinha anunciado a recusa em declarar seu amor, reafirma-se na nova formulação "não há nada que saia do nada" [*Nothing can be made out of nothing*]. Essa constatação, assim reiterada pelo protagonista, é alvo da ironia do Bobo, pois segundo sua avaliação Lear está justamente tentando do nada fazer nada desde que renunciou ao poder e às terras, com a pretensão de manter o título de rei. O valor desse título, anulado agora por aquela renúncia, logo se tornará evidente.

As pilhérias do Bobo em torno da nulidade me parecem antecipar a ideia de desquantificação que Goneril formula quando confronta o pai. Ela diz:

> Tendes aqui cem cavaleiros e escudeiros,
> Gente tão desleixada, devassa e atrevida
> *Que essa corte, infecta co' esses modos, mais parece*
> *Um albergue amotinado. O gozo, a lascívia*
> *Fazem que pareça mais uma tasca, um bordel,*
> *Que um palácio casto. A própria desonra pede*
> *Um remédio imediato. Seja então requerido,*

Por quem de qualquer modo há de ter o que pede,
Que se desquantifique um pouco o vosso séquito...[70]

Justamente esse anúncio da intenção de desquantificar [*disquantity*] o séquito provoca o segundo ataque de fúria do protagonista, um novo discurso grandiloquente como aquele dirigido antes a Cordélia, no qual Lear acaba declarando a Goneril que vai procurar abrigo com a outra filha, Regan. Mas essa saída, como aliás avisa o Bobo,[71] não soluciona o conflito, pois as duas herdeiras seguem a mesma lógica. A segunda filha evitará receber o pai em seu palácio, alertada por uma mensagem da irmã, e depois se manterá ao lado desta ao confrontá-lo.

Situo o novo encontro da família real, ocorrido sem a presença de Cordélia, após os conflitos iniciais marcados por ataques de fúria, como o momento mais importante do segundo ato da peça. A cena em que esse encontro ocorre contrapõe novas injúrias passionais, vociferadas por Lear, à frieza da argumentação de Goneril e Regan, as duas filhas que herdaram o reino. Além de avaliar como caduquice e fraqueza as reivindicações do pai, elas insistem naquele remédio proposto por Goneril: desquantificar o séquito que representava a manutenção de um poder militar.

Nesse momento, portanto, o problema dos cem seguidores ganha a precisão de uma operação de divisão simples. Regan exige que o pai dispense metade dos seus homens e volte para a casa da irmã dela, ou que venha com ela, mas que traga apenas 25 homens. A reação revoltada de Lear, com injúrias e maldições, não tem nenhum resultado prático, então só lhe resta aceitar aquela operação matemática e, recuperando os cálculos mercantis da primeira cena, voltar para Goneril, já que os cinquenta dela eram "vinte e cinco em dobro" e assim, seu amor era dois do de Regan.[72]

Destaco, no decorrer do diálogo, um deslocamento no significado do número de seguidores. A princípio, ele representa o quanto Lear vale: cem, um número que na prática indica a força militar a seu dispor. Com a intenção de desquantificar o séquito, a primeira filha propõe dividir cem por dois; e a segunda, por quatro. O pai se encontra em situação precária, pois depende da decisão delas de acolher ou não seus companheiros nos castelos. Assim, enquanto para elas o número de seguidores representa o valor do poder mantido por Lear, este o encara como quantificação do afeto que, no início da peça, serviu como moeda de troca para a transferência do poder.

O OCO DO ZERO

A conclusão do confronto entre Lear e suas filhas é matematicamente simples: apesar de todas as injúrias e maldições, só lhe restaria voltar para Goneril, já que o amor dela valia cinquenta seguidores em vez de 25. Mas, contra esse cálculo do pai, a filha mais velha argumenta: "Por que precisa vinte e cinco, ou dez, ou cinco seguidores, numa casa onde há o dobro disso de gente ao seu dispor?". E a segunda filha complementa: "E por que um?".[73]

Desse modo, com uma súbita ruptura em relação à lógica que, segundo a perspectiva de Lear, regia a troca do afeto pelo reino, o antigo monarca se descobre sem nada. Concretiza-se assim a operação de desquantificação, que avalio como desenvolvimento, conforme uma perspectiva matemática, do tema do nada que tinha sido introduzido no conflito com Cordélia e retomado pelo Bobo em meio a pilhérias e ironias.

Na cena que dá início ao conflito com as herdeiras, quando Goneril entra para falar com Lear, o Bobo descreve o protagonista da peça: "Tu eras um tipo contentão quando não tinhas que te ocupar com a carranca dela. Agora és só o buraco oco do zero. Valho mais do que tu agora. Sou um bobo, tu não és nada".[74] Na expressão que Lawrence Flores Pereira traduziu por "buraco oco do zero", é empregado o algarismo que representa o zero: "*an o without figure*". Rodrigo Lacerda opta, em sua tradução, por "um zero sem recheio".[75]

Para entender a expressão usada pelo dramaturgo, é preciso considerar um detalhe histórico importante: na Inglaterra, o algarismo "o" só passou a ser usado no século XVI. Por trás desse uso, ocorreu um longo processo de incorporação do sistema numérico arábico na Europa, passo fundamental tanto para corresponder às exigências práticas do tempo das grandes navegações e do mercantilismo quanto para o desenvolvimento da matemática e das ciências na modernidade. No sistema numérico anterior, não havia um sinal para designar o zero, e a própria noção de um algarismo que representasse a falta de quantidade era desconhecida.

No livro *O nada que existe: Uma história natural do zero*, de 1999, o matemático Robert Kaplan comenta: "O caminho do zero pelo tempo e pelo pensamento foi tão cheio de intriga, disfarce e confusão de identidade quanto as carreiras dos viajantes que primeiro trouxeram o algarismo para o Ocidente".[76] Ao avaliar o percurso tortuoso que levou das primeiras utilizações do zero na Índia, na Babilônia e nos países árabes até as apropriações por matemáticos e mercadores ocidentais, Kaplan tenta explicar por que demorou tanto para que se aceitasse universalmente um signo que representava o nada. Um dos últimos capítulos do livro tem como tema a pergunta "Lear estava certo?",[77] que remete às duas formulações do protagonista da tragédia de Shakespeare: "nada virá de nada" (dita a Cordélia) e "não há nada que saia do nada" (dita ao Bobo). As frases enunciadas por Lear remetem à estranheza produzida, no campo da matemática, por essa revolução que introduziu o algarismo "o" como representação numérica do nada.

Portanto, levando em conta a história da matemática, a fala do Bobo a respeito do "zero do nada" [*an o without figure*] em *Rei Lear* alude à novidade que era o tal "buraco oco do zero", ou "zero sem recheio", o algarismo com o formato de um círculo que designa a ausência de quantidade. Concluo que o Bobo enuncia matematicamente o tema que tinha sido desenvolvido a partir da cena inicial: a divisão do reino e suas consequências catastróficas para o protagonista da tragédia. Em seu sentido político e afetivo, o *nada* que estava em jogo desde a resposta de Cordélia a Lear pode ser encarado como a indicação profética da derrocada dele da condição de rei, detentor do poder absoluto, e de pai amado incondicionalmente pelas filhas, como ele desejava ser, até a situação de absoluta miséria.

Do infinito da condição inicial, depois de dividir o reino o antigo monarca passa a ter o número limitado de cem homens em seu séquito, despojando-se das responsabilidades do governo e da posse das terras. Esses cem seguidores, quantidade que indicava a manutenção de uma força militar significativa, faziam parte do acordo negociado na primeira cena, seguindo uma lógica mercantil enviesada na qual a demonstração de afeto das filhas servia como garantia. Mas essa sobra, no cálculo feito por Lear quando ainda detinha o poder, passa a depender da benevolência (do amor efetivo) de suas sucessoras. Na falta desse amor, e aplicado o remédio de desquantificação, aquele número cem acaba subtraído e dividido por Goneril e Regan até alcançar o zero da absoluta miséria.

Assim, no meio da peça, o velho pai e antigo rei se encontrará desabrigado em meio a uma tempestade e desamparado pelas filhas que, na cena inicial, preencheram com frases eloquentes e bajuladoras a exigência das provas de amor que deviam oferecer em troca do reino.

RESTO ARRUINADO DA NATUREZA

Em seu estudo sobre a história do algarismo zero, quando Robert Kaplan usa o título "Lear estava certo?" num capítulo, ele se refere à dificuldade de entender a afirmação "nada virá de nada" de um ponto de vista tanto matemático quanto filosófico. O autor remete ao debate sobre o ser e o não ser, tema do mais conhecido solilóquio de *Hamlet*, e a uma série de reflexões metafísicas, de Parmênides a Wittgenstein, que giram em torno da possibilidade de conceber e expressar o nada.[78]

O tema é antigo, mas foi retomado e debatido contemporaneamente tanto no contexto da filosofia da linguagem quanto no da ontologia e do existencialismo. De fato, a expressão "nada virá de nada" usada por Lear pode ser encarada como um provérbio filosófico, tradução para o inglês da frase latina *Ex nihilo nihil fit* tradicionalmente usada na época de Shakespeare. Trata-se de um princípio da metafísica grega antiga retomado, por exemplo, em *Sobre a natureza das coisas*, de Lucrécio, livro que teve grande influência sobre os escritores daquele tempo.[79]

De uma perspectiva matemática, seguindo a lógica mercantil adotada na parte inicial de *Rei Lear*, o "nada" corresponde em termos de valor a "zero". Mas, no decorrer da peça, esse não é o único sentido da palavra "nada".[80] No terceiro ato, ao descrever Lear "batendo-se contra a fúria dos elementos" depois que as filhas o deixaram desabrigado fora do castelo, um cavaleiro emprega a palavra "nada" para falar do efeito da tempestade que, com "impetuoso vento colérico", faz desaparecer os cabelos brancos arrancados pelo velho. Converter em nada indica aqui, em termos comparativos, a insignificância do gesto humano de raiva que é arrancar os cabelos, diante da grandiosidade da fúria dos elementos naturais. Enquanto roga ao vento que "inunde o continente com suas vastas vagas, pra que tudo se altere e cesse", Lear "ri no seu mundinho humano do ir e vir hostil do vento e da chuva".[81]

Essa imagem de uma devastação grandiosa e apocalíptica retorna mais adiante na tragédia, quando Gloucester, já cego, encontra Lear numa floresta, reconhece a sua voz e pergunta: "Não é o rei?". Depois de ouvir a resposta disparatada e furiosa de seu interlocutor ensandecido, exclama: "Oh, resto arruinado da natureza!/ O mundo vasto vai soçobrar/ E se esvair em nada [*naught*]".[82] Ele designa assim o estado de absoluta miséria ao qual o antigo rei foi rebaixado, associando-o a um plano superior, cosmológico, como se a ruína de Lear fosse um sinal do fim do mundo.

Mesmo as declarações já destacadas do próprio Lear a respeito do nada, no início da peça, embora muito parecidas, têm sentidos diferentes em função do contexto e do interlocutor. Quando declara "nada virá de nada" para Cordélia, o rei se refere ao resultado que a recusa dela irá provocar. Já que sua filha e potencial herdeira, quando indagada a respeito do que tem a dizer para manifestar seu amor, responde "Nada", disso virá a nulificação da sua herança: aquele "terço mais opulento do reino" que lhe caberia será anulado. Por outro lado, quando Lear diz ao Bobo "não há nada que saia do nada", ele está respondendo a uma indagação de seu interlocutor sobre o tema: "E tu, titio, não sabes do nada fazer nada?".[83] No caso desse diálogo, a pergunta e a resposta partem, na verdade, de uma observação anterior feita por Kent a respeito de um provérbio sarcástico ensinado pelo Bobo com uma série de recomendações de comportamento:

> *Titio, escuta bem:*
> *Porta mais do que afloras,*
> *Fala, não bota pra fora,*
> *O que tens, não empenhores,*
> *Não caminha, pica a espora,*
> *Escuta,* não professora [...][84]

O contexto das pilhérias e canções que o Bobo dirige a Lear nessa cena dá sentido a tais recomendações. Depois de dividir o reino entre as herdeiras, o velho possui muito menos do que demonstra com suas atitudes de rei, por isso a recomendação "porta mais do que aflora", ou "possui mais do que mostra". Lear tem a tendência de se enfurecer e falar mais do que é apropriado em sua atual condição, além disso "empenhou" tudo o que era seu e precisará fugir às pressas da casa da filha.

No entanto, o recém-chegado Kent não entende o sentido do provérbio e, considerando as recomendações um disparate, comenta: "Isso não é nada, Bobo". Em resposta a essa nova menção da palavra "nada", ele ouve a conclusão do Bobo: "Então é igual ao fôlego de um advogado que não recebeu honorários — não me pagaram nada".[85] Desse modo, se o termo "nada" empregado por Kent constitui uma desconsideração do valor do conteúdo do provérbio popular, na resposta o Bobo emprega a palavra de outro modo, mais ambivalente, pois ela pode ser interpretada em dois sentidos: o valor mercantil e o valor retórico. A palavra "nada" designa primeiro a falta de pagamento por seus próprios serviços de bobo da corte, ironizando a sua condição de servo em contraste com a profissão de alguém remunerado por seu trabalho, como é o caso de um advogado. Mas a mesma palavra indica também o resultado que se obtém quando não se paga pelo serviço do advogado, ou seja, a ausência de palavras ditas em defesa de alguém.

A pergunta dirigida a Lear, "não sabes do nada fazer nada?", joga com a dupla acepção: se o antigo monarca abriu mão de todas as rendas provenientes de suas terras (seu pagamento), que tipo de atividade pretende exercer, ou o que pretende obter como resultado? A resposta de Lear de que "não há nada que saia do nada" motiva, então, o aparte dirigido a Kent: "Diz a ele que isso é tudo o que ele vai ganhar arrendando as terras: ele não vai acreditar num bobo".[86]

Portanto, se o conselho de um bobo, detentor da sabedoria dos provérbios populares, não vale nada, como afirmara Kent, caberia a este ensinar a Lear que, ao entregar suas terras para as filhas, abrindo mão das rendas que constituíam materialmente seu poder, o que vai obter em troca é igual a nada. Isso porque as palavras ditas por elas quando declararam seu amor eram vazias, pura retórica, como as de um advogado pago para defender uma causa. As duas o despojarão de tudo o que ele julga ter e o reduzirão à miséria, situação de "resto arruinado da natureza" identificada depois por Gloucester.

O SÁBIO E O BOBO

Lear decai da condição de rei, ponto máximo que o ser humano alcança no grande encadeamento dos seres, até a condição de miserável e louco, o ponto mais baixo, no qual o ser humano se identifica com as formas vegetais e animais inferiores. No terceiro ato, depois do processo de desquantificação posto em prática por Goneril e Regan, quando o velho e o Bobo se encontram desabrigados no meio da tempestade, o protagonista dirige falas grandiloquentes aos ventos, à chuva, aos raios e trovões, como se pudesse exercer sua autoridade diante da natureza. A reação de seu companheiro de infortúnio a essas falas insensatas reforça o tema da relação entre sabedoria e bobice elaborado em diálogos anteriores: "Uma noite dessas não perdoa nem sábio nem bobo".[87] Entretanto, embora dirija ordens aos elementos naturais, Lear tem consciência da fragilidade de sua condição de velho, e seus lamentos giram em torno da ingratidão de que foi vítima: "Aqui estou, vosso escravo, um homem pobre, fraco, enfermo e desprezado!".[88]

Nessas circunstâncias, Lear e o Bobo são conduzidos a uma choupana, onde ocorre a cena do encontro com Edgar, disfarçado do mendigo maltrapilho Pobre Tom. Esse encontro é precedido por uma consideração do protagonista, logo após mandar o Bobo entrar no abrigo, sobre os "miseráveis sem teto" que vivem numa condição semelhante àquela. O antigo monarca reconhece, então, que nunca deu atenção a esse outro extremo da condição humana com o qual acabou de ter contato:

> *Pobres coitados, nus, onde quer que estejais*
> *A sofrer os jorros desse temporal cruel,*
> *Como é que essas cabeças sem teto, as ancas magras*
> *E vossos farrapos rotos vão vos abrigar*
> *Contra um tempo assim? Oh, eu cuidei muito pouco*
> *Dessas coisas todas. Pompa, toma um remédio,*
> *Busca sentir o que sentem os desgraçados,*
> *Que assim tu poderás lhes dar o teu supérfluo*
> *E revelar enfim que os céus são justos.*[89]

A experiência da miséria e da falta de abrigo é identificada, assim, como um remédio para a pompa do nobre que passou a vida em palácios, na corte. Mas Shakespeare construiu a cena de tal modo que essa reflexão de Lear sobre os pobres coitados nus e sem teto parece se materializar, de repente, quando surge o Pobre Tom, vindo de dentro da choupana. Ao vê-lo, com o corpo nu, exposto às "inclemências dos céus", o antigo monarca pergunta: "Será que o homem é apenas isto?", enfatizando seu aprendizado sobre o resultado do despojamento de todas as pompas da vida de um cortesão. Ele mesmo se encarrega de responder a essa indagação com o comentário que citei no início deste ensaio: "Um homem sem comodidades é apenas um mísero animal desnudo, um bicho bípede como tu".[90]

As falas de Edgar disfarçado associam a loucura à ideia da possessão demoníaca: Pobre Tom entra em cena dizendo "Fujam, que o diabo malino tá atrás de mim!", depois pede esmolas para "aquele que o capeta encardido arrastou por fogos e flamas". Mas Lear reage de maneira inesperada a esse encontro, primeiro perguntando se o mendigo também deu tudo para as filhas, pois só a ingratidão explicaria seu desamparo, depois tentando arrancar as próprias roupas, para imitar o interlocutor com quem se identifica.[91]

O diálogo desatinado de Pobre Tom e de Lear me parece confirmar a previsão do Bobo, que afirmara: "Uma noite dessas não perdoa nem sábio nem bobo". Mas, assistindo ao encontro dos dois personagens ensandecidos, o autor da afirmação modifica um dos termos de sua equação: "Esta noite fria vai nos transformar a todos em bobos e loucos".[92]

Como que para acentuar sua condição no extremo inferior da humanidade, segundo a lógica de um encadeamento natural dos seres, Pobre Tom se mostra como um bicho, animal humano, ao afirmar que "come a rã do charco, o sapo, o girino, e a lagartixa", e "quando o diabo malino acomete deglute estrume de vaca em vez de salada; engole o rato podre ou o cachorro morto na sarjeta".[93] No entanto, essa descrição abjeta de uma animalidade associada à possessão demoníaca não faz Lear julgar Pobre Tom como um louco, e sim como um sábio. "Quero falar com este filósofo", ele diz.[94]

Por um lado, trata-se de uma demonstração da loucura do protagonista, que confunde o louco com um sábio de maneira cômica. Mas, por outro, Shakespeare me parece remeter aqui, ironicamente, à escola cínica da Antiguidade, que ensinava o despojamento de todos os bens materiais para alcançar a felicidade, de modo que Lear, ao reconhecer o miserável nu como um filósofo, não deixa de ter razão: de fato, sua condição é semelhante à de Diógenes.[95] O antigo rei, ensandecido, identifica-se com o mendigo louco, enxerga nele um sinal de sabedoria e quer se livrar dos últimos vestígios de comodidade que ainda o prendem às convenções sociais.

No percurso catastrófico do protagonista da tragédia, esse encontro com Pobre Tom numa choupana durante a tempestade poderia indicar o ponto mais baixo, caso Shakespeare fosse fiel às crônicas históricas e à peça elisabetana *Rei Leir*. O final dela segue os relatos dos cronistas segundo os quais o velho monarca, depois de muito sofrimento, foi reconduzido ao trono.[96] Com base nessa fonte, o dramaturgo poderia ter optado por recriar a história edificadora em que o protagonista, a partir daquele ponto mais baixo, começaria a se elevar novamente e seria salvo pela única filha que de fato o amava, Cordélia. Afinal, Shakespeare manteve em sua versão tanto o reencontro de Lear e Cordélia, cujo amor piedoso cura o pai de sua loucura delirante, quanto a batalha entre o exército da Bretanha, que apoia Goneril e Regan, e o exército invasor que pretende restituir o poder do antigo monarca.

Se as duas herdeiras do reino tinham "desquantificado" o valor de Lear até ele ser reduzido a um "resto arruinado da natureza", diante do qual Gloucester prevê que o mundo vai "se esvair em nada",[97] o afeto de Cordélia e a reconciliação dela com o pai revertem esse movimento e criam a expectativa de uma redenção semelhante à da peça *Rei Leir*. De sua condição de absoluta miséria no terceiro ato, identificada com a do mendigo Pobre Tom, no quarto ato Lear volta a ser reconhecido como rei e recupera a sua identidade.[98] A restauração de seu título inicial poderia finalmente realizar o plano do protagonista de ter a seu lado a filha preferida, Cordélia, e fazer dela sua herdeira, futura rainha da Bretanha.

Só que Shakespeare, em vez de adotar a solução da adaptação teatral anterior, estava interessado em fazer do drama de Lear uma tragédia. Uma das principais alterações em relação ao enredo de *Rei Leir* foi justamente substituir o final feliz por um desfecho que leva à morte do protagonista. Em *Rei Lear*, o exército da França é derrotado e, no decorrer do ato conclusivo, são reveladas as consequências da batalha para os demais personagens.

Considero que a derradeira entrada em cena de Lear com o corpo de Cordélia em seus braços significa, como reflexão sobre o nada, a anulação de qualquer possibilidade de redenção. A última fala do protagonista consiste num lamento avassalador diante de uma morte que destrói toda a sua esperança. Lear diz: "Não, não, não — sem vida!", e depois de constatar "Tu não vais voltar" repete cinco vezes: nunca, nunca, nunca, nunca, nunca.[99] Essas séries de negações expressam o extremo de desespero que provoca, em seguida, a própria morte de Lear, incapaz de suportar aquele sofrimento. Após essa morte, não resta nada além da dor, nada além da tragédia.

PARTE 3
GRANDE SERTÃO: VEREDAS

ESPECULAÇÃO DE IDEIAS: A FILOSOFIA DO *GRANDE SERTÃO*

Gris, caro amigo, é toda teoria
E verde a áurea árvore da vida.
Mefistófeles, no *Fausto* de Goethe

VALOR METAFÍSICO

Há um problema filosófico recorrente nas primeiras páginas de *Grande sertão: veredas*, enquanto a narrativa demora a entrar nos veios principais do enredo. Fazendeiro já velho, casado, protegido por homens de confiança que moram em suas terras, o narrador conta estar de "range rede" e ter tomado gosto em "especular ideia", após uma vida "puxando difícil de difícel", em que "fazia e mexia, e pensar não pensava".[1] Riobaldo se revela um jagunço letrado, que declara invejar a instrução do interlocutor com quem conversa, homem vindo da cidade, "com toda leitura e suma doutoração".[2] Sua fala mistura provérbios, que ecoam a sabedoria da tradição popular, com conclusões próprias, baseadas em experiências ou em casos sobre os quais especula. Em certo momento, ele comenta que gosta muito de moral, de "raciocinar, exortar os outros para o bom caminho". E, levando isso em conta, faz esta autoavaliação:

> O senhor saiba: eu toda a minha vida pensei por mim, forro, sou nascido diferente. Eu sou é eu mesmo. Divêrjo de todo mundo... Eu quase que nada não sei. Mas desconfio de muita coisa. O senhor concedendo, eu digo: para pensar longe, sou cão mestre — o senhor solte em minha frente uma ideia ligeira, e eu rastreio essa por fundo de todos os matos, amém![3]

A formulação "Eu quase que nada não sei" me parece recriar, na fala de um sertanejo, a famosa frase "Só sei que nada sei" atribuída a Sócrates, ou também a pergunta "O que sei eu?", com que Michel de Montaigne demonstrava sua filiação ao ceticismo. Mistura de livre-pensador com contador de casos, o protagonista de *Grande sertão: veredas* se orgulha, assim, de sua capacidade especulativa. Embora declare navegar mal "nessas altas ideias", por ser "só um sertanejo", "muito pobre coitado", ele pensa por si, desconfia de muita coisa e é capaz de rastrear qualquer ideia ligeira como um cão de caça.

Destaco no romance, a partir dessa caracterização do narrador, o entrecruzamento do componente reflexivo, ou filosófico, com elementos literários, que podem ser enumerados segundo categorias poetológicas. São eles: a representação de uma realidade histórica e social do sertão brasileiro, sobretudo do fenômeno da jagunçagem; a construção de um enredo baseado na rememoração da vida — aprendizados, batalhas e amores — do protagonista-narrador; e, por fim, a composição que mobiliza recursos épicos, dramáticos e líricos numa linguagem própria, na qual ressoam em registro escrito, poeticamente elaborado, o modo regional da fala e a tradição oral de transmissão da sabedoria popular. Assim, em termos simplificadores, o *conteúdo* representado, a *trama* apresentada e a *forma* adotada articulam-se a questões metafísicas e éticas. No plano da representação, estas dizem respeito ao significado transcendente que o lugar e os homens com ele em luta adquirem, a partir do substrato de uma referência real descrita em detalhes. À medida que se desenvolve o enredo, tais questões são temas de casos contados ou de especulações feitas pelo narrador, mas se mostram também emaranhadas nos eventos rememorados. Quanto à estrutura formal do romance, encontram-se por trás da maneira de narrar, e da própria composição poética da obra, indagações que aludem à relação do homem com Deus e com o diabo, com o tempo e com a tragicidade do destino.

O MAR, O RIO E A TEMPESTADE

Mesmo quando resume em poucas palavras o assunto do livro, em entrevista concedida em 1962 a uma tevê alemã, Guimarães Rosa destaca a coexistência da representação literária com um componente especulativo. Ele explica que seu romance de 1956 trata de lutas e vendetas de jagunços em região do interior do Brasil, organizada em "sistema quase medieval" com grandes fazendeiros e pouca justiça, mas que esse "fundo telúrico, real", é combinado a uma história "com transcendência, visando até o metafísico".[4]

Essa dualidade, no plano da representação, entre um teor documental e descritivo e um teor especulativo, foi abordada em alguns dos estudos pioneiros que, publicados em 1957, tornaram-se referências iniciais na constituição da vasta fortuna crítica do livro. Manuel Cavalcanti Proença diferencia duas linhas paralelas: "a objetiva, de combates e andanças [...], e a subjetiva, marchas e contramarchas de um espírito estranhamente místico, oscilando entre Deus e o diabo".[5] Antonio Candido considera que o tema elaborado por Guimarães Rosa o aproxima da tradição regionalista da literatura brasileira, já que ele trata de certa área do interior do país com ambiente minuciosamente descrito, no qual habitantes típicos — roceiros, vaqueiros, jagunços, fazendeiros — aparecem vivendo em sistema quase feudal, segundo um ordenamento político que dependia da atuação de bandos armados, pois as leis da cidade não tinham validade. Entretanto, pela força da imaginação e pela inventividade linguística que articula a profunda observação da vida sertaneja, o romance transcende "o poderoso lastro de realidade tenazmente observada, que é a sua plataforma". A partir do sertanejo real, e do "fato concreto e verificável da jagunçagem", o autor elabora um verdadeiro "romance de Cavalaria".[6]

Trata-se, assim, de uma espécie de super-regionalismo, em que a matriz regional já muito explorada em nossa literatura é reinventada, e tudo se transforma em significado universal. O sertão é o mundo, ou seja, o lugar descrito com riqueza de detalhes — bichos, rios, veredas, buritizais, chapadas e rasos, matas e pastos — converte-se em espaço ilimitado, em universo no qual se desenvolvem os conflitos, os sofrimentos, as errâncias, os amores e as mortes que fazem parte da condição humana.

A dualidade é ressaltada também em carta de 1963 escrita por Guimarães Rosa ao italiano Edoardo Bizzarri, encarregado da tradução do volume de novelas *Corpo de baile*. O autor comenta que, quando o escreveu, estava "dominado pela vida e paisagem sertanejas", de modo que o sertão era "de suma autenticidade, total".[7] Por outro lado, se define como "profundamente, essencialmente religioso, ainda que fora do rótulo estrito e das fileiras de qualquer confissão ou seita". Ao fazer esse comentário, ele se compara com o protagonista de *Grande sertão: veredas*, dizendo que talvez, como Riobaldo, pertença a todas as seitas. A ideia pode ser exemplificada por esta consideração do personagem, em trecho do romance:

> Por isso é que se carece principalmente de religião: para se desendoidecer, desdoidar. Reza é que sara da loucura. No geral. Isso é que é a salvação-da-alma... Muita religião, seu moço! Eu cá, não perco ocasião de religião. Aproveito de todas.[8]

O conjunto de sete novelas que estava sendo traduzido por Bizzarri foi publicado em 1956, mesmo ano de *Grande sertão:*

veredas. Vale lembrar, aliás, que essas duas obras monumentais seriam a princípio uma única: segundo Guimarães Rosa, "um livrão, um livralhão" com nove "novelas labirínticas". Conforme explica Ana Luiza Martins Costa, que cita essa definição, foi em 1954 que uma das novelas planejadas se desdobrou, quase contra a vontade do autor, no romance que a princípio se chamaria *As veredas mortas*.[9]

Guimarães Rosa era ao mesmo tempo um leitor erudito, estudioso da tradição literária e filosófica, e um "homem do sertão" — como se definiu numa entrevista —, profundo conhecedor da tradição popular do interior do Brasil.[10] Nascido em Cordisburgo, pequena cidade de Minas Gerais cercada de serras e de fazendas de gado, ele passou a infância perto da estação de trem e do curral de embarque dos bois, numa casa que abrigava uma venda frequentada por tropeiros, garimpeiros e vaqueiros. Cresceu admirando o movimento das boiadas, ouvindo casos e cantigas do sertão. Desde cedo, impressionou os parentes por estar sempre lendo, pela facilidade em aprender línguas estrangeiras e pelo interesse por assuntos de religião, geografia, história natural e afins.[11] Esses interesses levariam o menino de Cordisburgo a se formar em Medicina na capital do estado, Belo Horizonte e, anos depois, a prestar concurso para o Itamaraty e se tornar diplomata. No entanto, o contato com o mundo sertanejo continuou fazendo parte da sua vida mesmo quando passou a ser um cidadão cosmopolita. Se, como médico, trabalhou num povoado rural, visitando pacientes a cavalo, depois de iniciar a carreira que o levaria a morar em cidades como Rio de Janeiro, Hamburgo e Paris, o escritor fez diversas viagens a fim de retomar o contato com o mundo de sua infância e reunir material para seus livros.

A repercussão do volume de contos *Sagarana*, de 1946, primeira obra publicada por Guimarães Rosa, o tornou conhecido como um diplomata escritor profundamente ligado ao mundo sertanejo. Para escrever *Corpo de baile* e *Grande sertão: veredas*, ele fez em 1952 uma viagem pelo interior de Minas Gerais que foi documentada pela revista *O Cruzeiro* em reportagem cujas fotos são muito conhecidas. Depois de visitar os pais em Cordisburgo, passou alguns dias na fazenda Sirga, perto de Três Marias, e de lá partiu em travessia de dez dias a cavalo com os vaqueiros que conduziam uma boiada até a fazenda Algodões, em Araçaí. Alguns desses vaqueiros se tornariam personagens de seus livros, como é o caso de Manuelzão, protagonista da novela "Uma estória de amor", de *Corpo de baile*, e de Zito, que aparece no quarto prefácio do livro de contos *Tutameia* (1967). Viagens assim serviam como pesquisa de campo, pois Guimarães Rosa levava uma caderneta a tiracolo para anotar nomes de bichos e plantas, ou impressões diversas capturadas no momento da observação. Ele comenta em depoimento:

> Quando saio montado num cavalo, pela minha Minas Gerais, vou tomando nota das coisas. O caderno fica impregnado de sangue de boi, suor de cavalo, folha machucada. Cada pássaro que voa, cada espécie, tem um voo diferente. Quero descobrir o que caracteriza o voo de cada pássaro a cada momento.[12]

Por outro lado, há uma carta de 1958 dirigida ao estudioso de filosofia Vicente Ferreira da Silva em que o autor chega a afirmar: "Valeria a pena (quem sabe?) reler também o *Grande Sertão: veredas* — que, por bizarra que V. ache a afirmativa, é menos literatura pura do que um sumário de ideias e crenças do autor, com buritis e capim devidamente semicamuflados".[13] Nesse caso, o componente filosófico (ideias do autor) se destaca daquele fundo real, telúrico, de representação de um lugar específico, descrito e evocado com base em minuciosa busca dos nomes exatos e do registro de cada detalhe em sua especificidade. A esse lado especulativo do romance são voltados, mesmo depois que o enredo principal começa a se desenvolver, certos intervalos na narração da história que remetem o leitor para o tempo presente da narrativa, a conversa do velho fazendeiro Riobaldo com um interlocutor vindo da cidade.

Há interrupções curtas da rememoração do passado, com interjeições, perguntas ou comentários pontuais — "Como vou achar ordem para dizer ao senhor a continuação do martírio [...]?", "Ou conto mal? Reconto", "Ah, eh e não, alto-lá comigo, que assim falseio [...]", "Estou contando ao senhor, que carece de um explicado".[14] Mas há também intervalos prolongados, nos quais o narrador reflete sobre o que foi contado. Isso ocorre, por exemplo, depois do primeiro episódio importante da vida do protagonista. Reconhecendo que se trata da antecipação de um evento que só ocorreu muito depois daqueles que está prestes a contar, Riobaldo diz:

> Sei que estou contando errado, pelos altos. [...] Eu estou contando assim, porque é o meu jeito de contar. Guerras e batalhas? Isso é como jogo de baralho, verte, reverte. [...] A lembrança da vida da gente se guarda em trechos diversos, cada um com seu signo e sentimento, uns com os outros acho que não se misturam. Contar seguido, alinhavado, só mesmo sendo as coisas de rasa importância.[15]

Esse trecho metanarrativo evidencia que, em sua aparente desordem, a sucessão de eventos que compõem o enredo segue o fluxo da memória do narrador. Por isso, as reflexões se vinculam às experiências narradas, entrelaçam-se às tramas ou subtramas que aos poucos revelam o passado de quem narra. Trata-se de pensamentos ligados à busca de sentido, à tentativa de compreender o destino que se encadeia por meio da rememoração.

Na carta a seu tradutor italiano que mencionei antes, o escritor comenta que havia até "certo exagero na massa da documentação" em *Corpo de baile*, e por outro lado reconhece que suas obras são embebidas com "constantes preocupações religiosas, metafísicas" de um autor que, além de "profundamente, essencialmente religioso" como Riobaldo, é "especulativo, demais".[16] A carta menciona o Tao, os Vedas e Upanixades, os Evangelistas e São Paulo, Platão, Plotino e Bergson — referências eruditas da tradição religiosa e filosófica que, segundo o próprio escritor, podem ter contribuído para alguns o classificarem como "existencialista-cristão", outros como "neoplatônico" e outros, ainda, como "impregnado de hinduísmo". O comentário sobre a mistura de saberes que há em seus próprios livros leva Guimarães Rosa a fazer, na carta, uma curiosa estimativa dos graus de importância de cada componente. O "valor metafísico-religioso" é avaliado como o principal, com quatro pontos em dez; o valor poético ficaria com três pontos; o enredo, com dois; e o "cenário e realidade sertaneja", apenas com um.[17]

Em relação a seu lado especulativo, o escritor se considera mais um místico do que um filósofo na longa entrevista que concedeu em 1965 ao crítico literário alemão Günter Lorenz. Quando o entrevistador pergunta se ele "tem alguma coisa contra os filósofos?", recebe a resposta: "Tenho. A filosofia é a maldição do idioma. Mata a poesia, desde que não venha de Kierkegaard ou Unamuno, mas então é metafísica".[18] Já quando Lorenz é levado a perguntar se o seu entrevistado é "um pensador, um místico?", este lhe diz: "Sou místico, pelo menos acho que sou. Que seja também um pensador, noto-o constantemente durante meu trabalho, e não sei se devo lamentar ou me alegrar com o fato".[19]

Associo a distinção entre místico e filósofo estabelecida na entrevista a uma ressalva feita pelo autor na sua carta a Bizzarri já mencionada: a de que, apesar daquele lado especulativo, sua obra não tem nada a ver com um projeto conceitual, sistemático ou racional, muito pelo contrário, os livros seriam em essência "anti-intelectuais", pois "defendem o altíssimo primado da intuição, da revelação, da inspiração, sobre o bruxulear presunçoso da inteligência reflexiva, da razão, da megera cartesiana".[20]

Na entrevista, a distinção entre filosofia e metafísica deriva de uma referência ao romancista, linguista e filósofo espanhol Miguel de Unamuno, autor que, segundo Guimarães Rosa, poderia ter sido seu avô, porque era um "poeta da alma", que "criou da linguagem a sua própria metafísica pessoal". A sugestão de que o entrevistado seria uma espécie de "Unamuno do sertão" é suscitada pela sua consideração, ao explicar seu modo de pensar, de que "tudo: a vida, a morte, tudo é, no fundo, paradoxo".[21] Justamente essa valorização do paradoxo, portanto de um pensamento que não é lógico nem racional, é o que me parece estar em jogo na distinção entre metafísica e filosofia. Mais interessado nas aporias e nos enigmas do que nas respostas e nas explicações racionais, ao dizer que tem alguma coisa contra os filósofos Guimarães Rosa toma como modelo a busca de clareza e distinção de um sistema filosófico racionalista como o de Descartes. Nesse sentido, o lado especulativo do escritor pode ser associado a uma crítica desse projeto da filosofia moderna, dessa vontade de verdade.

Transferida para o protagonista do romance, essa tendência especulativa leva à descoberta de aporias, ao aprendizado de limitações nas tentativas de explicar o mundo ou a vida. Esse problema é apresentado explicitamente pelo próprio Riobaldo:

> Que isso foi o que sempre me invocou, o senhor sabe: eu careço de que o bom seja bom e o rúim rúim, que dum lado esteja o preto e do outro o branco, que o feio fique bem apartado do bonito e a alegria longe da tristeza! Quero os todos pastos demarcados... Como é que posso com este mundo? A vida é ingrata no macio de si; mas transtraz a esperança mesmo do meio do fel do desespero. Ao que, este mundo é muito misturado...[22]

Cada resposta, cada verdade encontrada, pode ser problematizada e contraposta a outra, cada conclusão a respeito do que é certo pode se mostrar enganosa, levar ao erro.

O NOME E O DIABO

No início de *Grande sertão: veredas*, a tendência especulativa de Riobaldo se vincula a um problema metafísico-religioso abordado de maneira obsessiva, em espiral. Esse problema é a existência do diabo, tema recorrente nas reflexões e nas narrações da primeira parte do romance, retomado e reelaborado ao longo de toda a história em conexão com os eventos decisivos da vida do protagonista.

Como nota Eduardo Coutinho, Riobaldo é dotado ao mesmo tempo de uma "consciência mítico-sacral", em que reverbera a face religiosa do mundo sertanejo, e de uma tendência "lógico-racionalista" que o distancia desse mundo e o aproxima de seu interlocutor letrado.[23] Levando em conta a importância do tema mítico do diabo, o crítico conclui que "o narrador põe em dúvida o domínio do racionalismo chamando atenção para o mito, mas, ao questionar também a existência deste último, não elimina a possibilidade de uma perspectiva racionalista, e revela uma cosmovisão móvel e plural".[24]

No início do romance, Riobaldo formula a pergunta: "O diabo existe e não existe?".[25] Considero que a resposta a essa indagação pode remeter ao campo da Lógica, mais especificamente ao que os lógicos chamariam de função designativa da linguagem. Pois, segundo o narrador, "diabo" é um nome, assim como "cachoeira", que designa um "barranco de chão, e água se caindo por ele, retombando". Mas a coisa designada pode muito bem se revelar problemática, perder sua materialidade: "o senhor consome essa água, ou desfaz o barranco, sobra cachoeira alguma?".[26] Nesse caso, desfeita a coisa, o que ocorre com o nome da coisa?

O problema lógico da designação pode ser associado também à trama amorosa central do romance, que gira em torno da relação do protagonista com outro jagunço. No episódio do primeiro encontro entre eles, que o narrador considera o fato primordial e decisivo de sua vida, o personagem ainda não tem nome próprio. É, a princípio, mencionado apenas como um "menino mocinho", por quem Riobaldo, com catorze anos, sente um "prazer de companhia, como nunca por ninguém eu não tinha sentido". Mas ele passa a ser "o Menino" no final do episódio, bem quando o narrador comenta que "nem sabia o nome dele". Essa falta de nome próprio, compensada pela designação com o substantivo comum dotado de letra maiúscula, complementa a seguinte consideração sobre o teor do próprio episódio: "O sério é isto, da estória toda — por isto foi que a estória eu lhe contei —: eu não sentia nada. Só uma transformação, pesável. Muita coisa importante falta nome".[27]

Só quando os dois personagens se reencontram, em episódio ocorrido vários anos depois, o Menino ganha finalmente um nome próprio: "*Reinaldo* — ele se chamava. Era o Menino do Porto, já expliquei. E desde que ele apareceu, moço e igual, no portal da porta, eu não podia mais, por meu próprio querer, ir me separar da companhia dele, por lei nenhuma; podia?".[28] O episódio combina reconhecimento e peripécia, para usar termos da *Poética* de Aristóteles. Reconhecer o Menino leva o protagonista, que naquele momento viajava sem rumo, a acompanhá-lo, e com isso a viver tanto a história de batalhas e travessias quanto a história de amor que serão narradas no restante do livro.

Várias páginas são dedicadas a descrever os momentos iniciais da relação de amor e amizade com Reinaldo, cujo afeto é demonstrado por um comentário que chama atenção justamente para os nomes: "'*Riobaldo... Reinaldo...*' [...] '... Dão par, os nomes de nós dois...'".[29] No entanto, quando a relação se torna mais íntima, ele precisa contar um segredo: que Reinaldo é "nome apelativo, inventado por necessidade", não cabe perguntar o motivo. Ele diz: "Você era menino, eu era menino... Atravessamos o rio na canoa... Nos topamos naquele porto. Desde aquele dia é que somos amigos". Confirmada essa amizade, vem esta confissão: "Pois então: o meu nome, verdadeiro, é *Diadorim*... Guarda este meu segredo. Sempre, quando sozinhos a gente estiver, é de Diadorim que você deve de me chamar".[30] Só muito mais tarde, o protagonista descobrirá que Diadorim é um apelido de "Deodorina", nome oficial, registrado em certidão de nascimento. A respeito da primeira vez que ouve o nome, ele conta que ficou repetindo em sua mente aquela palavra "tão singular", até finalmente dizer "'*Diadorim... Diadorim!*' — com uma força de afeição". A reciprocidade dessa afeição se evidencia na conclusão de que, ao querer que só ele soubesse e pronunciasse o nome verdadeiro, "a amizade dele, ele me dava. E amizade dada é amor".[31] Riobaldo ainda comenta: "Era um nome, ver o que".

Ora, esse nome "Diadorim" cunhado por Guimarães Rosa já foi muito discutido por leitores e críticos, com o devido destaque para a indefinição de gênero do sufixo "im", que pode substituir tanto "inho" ou "inha" (indicativos de diminutivo) quanto "ina" e "ino". O poeta Augusto de Campos define: "Esse nome — DIADORIM — é um caleidoscópio em miniatura de reverberações semânticas, suscitadas por associação formal".[32] Em sua análise, a fim de "desmontar o elemento vocabular", ele divide a palavra em dois grupos de componentes básicos, que a ligam à dualidade "Deus ou o Demo", tematizada no livro. Por um lado, há os componentes "dia" e "adora", como mostra a associação de ideias: "Dia da lua. O luar que põe a noite inchada. [...] Reinaldo, Diadorim, me dizendo que este era real o nome dele".[33] Depois de dizer isso, o narrador usa termos do campo semântico do verbo "adorar", como "amor", "amizade" e "alegria". Por outro lado, identificam-se os componentes "diá" e "dor": este uma referência ao tormento da relação de amor proibido, aquele uma referência ao diabo. Augusto de Campos justifica: "E para desfazer qualquer resquício de suspeita de que estejamos forçando uma interpretação, certifique-se o leitor: o diabo é tratado de *diá*, [...] num contexto, aliás, que diz respeito a Diadorim; [...] Diadorim é também chamado de *Diá*!!!". Os trechos a que ele se refere são:[34]

> a gente criatura ainda é tão ruim, tão, que Deus só pode às vezes manobrar com os homens é mandando por intermédio do *diá*? [...] Deamar, deamo... Relembro Diadorim.

> Mas, porém, quando isto tudo findar, Diá, Di, então, quando eu casar, tu deve de vir viver em companhia com a gente [...]...

Pois bem, quando Riobaldo aprende o nome de Diadorim, ele faz uma pergunta que tem longa tradição filosófica e literária: "Que é que é um nome?".[35] De Platão a Wittgenstein, de Shakespeare a Proust, essa pergunta já foi formulada muitas vezes. Quanto às suas raízes na filosofia clássica, ela remonta ao diálogo *Crátilo*, no qual os dois interlocutores de Sócrates defendem teses opostas quanto aos nomes: "o nosso Crátilo sustenta que cada coisa tem por natureza um nome apropriado", enquanto Hermógenes afirma que as designações são apenas convenções estabelecidas entre homens que falam uma língua.[36] Mais de 2 mil anos depois, Wittgenstein constataria: "Quando dizemos: 'Toda palavra da linguagem designa alguma coisa', não dissemos até então absolutamente nada".[37] Questionando a noção usual de que o aprendizado da língua consiste em nomear objetos, ele defende que esse é um ato secundário, a serviço do uso que fazemos das palavras em determinados "jogos de linguagem". Em poemas, por exemplo, os nomes podem ter sentidos diversos daqueles de quando são usados na linguagem cotidiana.

Na célebre peça de Shakespeare, Julieta propõe indagação semelhante à de Riobaldo: "O que há num nome?", ela pergunta, também motivada pela relação amorosa com a pessoa que o nome designa. Julieta especula: "O que chamamos 'rosa' terá fragrância igual, com outro nome. Se Romeu já não fosse mais 'Romeu', teria, com um título distinto, a mesma perfeição".[38] Muito depois, Proust faria "sair todo um mundo desses poucos sons: Guermantes", conforme observa o crítico Roland Barthes ao defender que "a literatura é a exploração do nome".[39] Considero que essa definição de Barthes certamente seria válida também para Guimarães Rosa, que constatou em depoimento, depois de comentar sua prática de tomar notas de viagem: "Eu não escrevo difícil. EU SEI O NOME DAS COISAS".[40] Ele desenvolve essa ideia na entrevista a Günter Lorenz, em meio a uma série de reflexões sobre a linguagem, e conclui: "Cada palavra é, segundo sua essência, um poema".[41]

Aquela consideração de Barthes sobre Proust remete à referência filosófica clássica que já mencionei: "No fundo, o escritor tem sempre em si a crença de que os signos não são arbitrários e que o nome é uma propriedade natural da coisa: os escritores estão ao lado de Crátilo, não de Hermógenes".[42] Relembro, então, uma pergunta que Sócrates faz a Hermógenes no diálogo de Platão: "E quantos nomes alguém disser que tem determinado objeto, tantos ele terá e por todo o tempo que o disserem?".[43] Essa pergunta talvez pudesse ser respondida por Riobaldo, já que ele, embora declare que não quer falar do assunto, pois "quem muito se evita, se convive", enumera mais de vinte nomes do diabo para negar a existência da coisa designada pelo nome:

> O Arrenegado, o Cão, o Cramulhão, o Indivíduo, o Galhardo, o Pé-de-Pato, o Sujo, o Homem, o Tisnado, o Côxo, o Temba, o Azarape, o Coisa-Ruim, o Mafarro, o Pé-Preto, o Canho, o Duba-Dubá, o Rapaz, o Tristonho, o Não-sei-que-diga, O-que-nunca-se-ri, o Sem-Gracejos... Pois, não existe! E, se não existe, como é que se pode se contratar pacto com ele?[44]

No início de *Grande sertão: veredas*, a formulação da pergunta "O diabo existe e não existe?" destaca, portanto, a ambivalência da entidade assim nomeada. A questão não é decidir se ele existe *ou* não existe, embora o próprio Riobaldo depois caia às vezes na armadilha dessa dicotomia, em sua ânsia de comprovar a opção negativa. Do campo da Lógica, passa-se para o da Metafísica e da Teologia. A questão de saber se o diabo existe *e* não existe, ao contestar a dicotomia entre ser e não ser, abre caminho para a resposta que o próprio narrador formula: "Explico ao senhor: o diabo vige dentro do homem, os crespos do homem — ou é o homem arruinado, ou o homem dos avessos. Solto, por si, cidadão, é que não tem diabo nenhum". Logo, o diabo existe apenas como maldade humana, perversão no íntimo dos homens, e não como uma entidade que poderia ser encontrada, com forma visível, que o narrador imaginará depois, seguindo a crença popular, como sendo a de "homem, e se representando, canhim, beiçudo, manquinho, por cima dos pés de bode, balançando chapéu vermelho emplumado, medonho".[45]

Caberia ao interlocutor a quem Riobaldo se dirige — ouvinte instruído, vindo da cidade — concordar com a tese, de modo a resolver de vez o problema: "Nenhum! — é o que digo. O senhor aprova? Me declare tudo, franco — é alta mercê que me faz: e pedir posso, encarecido. Este caso — por estúrdio que me vejam — é de minha certa importância. Tomara não fosse...".[46] Essa importância do caso será, na verdade, um dos temas centrais do enredo, uma vez que o protagonista, em seu passado de jagunço, não só enfrenta um inimigo reputado como pactário, o Hermógenes, como também é levado, ele mesmo, a um pacto que não sabe dizer ao certo se foi ou não consumado.

O que se evidencia com o vaivém do tema especulativo é que a pergunta pela existência do diabo não é dessas que podem ser resolvidas com uma resposta simples, definitiva, mesmo uma que conte com o assentimento de um representante do mundo letrado e urbano, a quem o narrador diz invejar por sua instrução. A pergunta de ordem metafísico--religiosa é de um tipo que pode ser definido por outra reflexão de Riobaldo: "Mas, onde é bobice a qualquer resposta, é aí que a pergunta se pergunta".[47] Ao desafiar os limites das explicações racionais, mantendo-se como indagação apesar das respostas que podem ser dadas, uma pergunta desse tipo revela-se como uma espécie de aporia, de encruzilhada no plano discursivo. A existência do diabo, negada insistentemente, aparece reafirmada pelos casos em que pessoas boas se tornam más, ou vice-versa, sob o efeito de desejos, impulsos e tentações, de modo que o demo é "o significado dum azougue maligno", que parece estar "misturado em tudo".[48]

O passado de Riobaldo, rememorado pelo personagem já velho, é marcado por esse princípio da mistura, já que entrelaça dois veios principais, cuja força motriz aponta para a oposição entre amor e morte, alegria e sofrimento, desejo de felicidade e pulsão destrutiva. Um desses veios consiste numa trama trágica, história de amor proibido entre dois jagunços; o outro, numa trama épica, história de batalhas e errância nos vastos espaços de um mundo violento, distante do ambiente urbano e civilizado. Nas duas tramas está misturado o tema central das especulações do protagonista: o demoníaco, ora como existência (mítica ou real) do diabo; ora como pulsão ligada ao desejo, ou à vontade que impele e dirige as decisões, definindo assim o destino; ora como a presença do mal — crueldade, brutalidade e violência — no íntimo dos homens. Desse modo, a importância do tema metafísico, e com isso a complexidade da reflexão sobre a existência ou não do diabo, só pode ser compreendida por meio da experiência de rememoração, como elemento transcendente que opera por trás dos eventos de um enredo desdobrado ao longo de centenas de páginas.

ENTENDER DO MEDO E DA CORAGEM

"Eu queria decifrar as coisas que são importantes", afirma o narrador de *Grande sertão: veredas*. "Queria entender do medo e da coragem, e da gã que empurra a gente para fazer tantos atos, dar corpo ao suceder."[49] Medo e coragem estão na base dos seus questionamentos éticos, a partir da experiência de jagunço e de sertanejo. Desde o primeiro fato decisivo na vida dele, que foi a travessia do rio São Francisco de canoa com o Menino, o imperativo da coragem pauta seu modo de viver. Naquele episódio que dá início à narrativa de sua juventude, Riobaldo conta que foi tomado pelo medo e pela vergonha diante da "aguagem bruta, traiçoeira" do rio e, quase chorando, arregalou "dôidos olhos". O menino que o observava, "quieto, composto, confronte", diz então, simplesmente: "Carece de ter coragem...". A elaborada descrição que o narrador faz do medo e da vergonha que sentiu, com todos os pensamentos que passaram por sua cabeça, esbarra na simplicidade dessa declaração. Ele conta:

> Doí de responder: — "Eu não sei nadar...". O menino sorriu bonito. Afiançou: — "Eu também não sei". Sereno, sereno. Eu vi o rio. Via os olhos dele, produziam uma luz. — "Que é que a gente sente, quando se tem medo?" — ele indagou, mas não estava remoqueando; não pude ter raiva. — "Você nunca teve medo?" — foi o que me veio, de dizer. Ele respondeu: — "Costumo não..." — e, passado o tempo dum meu suspiro: — "Meu pai disse que não se deve de ter...". Ao que meio pasmei. Ainda ele terminou: — "... Meu pai é o homem mais valente deste mundo".[50]

Na trama épica do romance, a valentia é característica marcante, traço distintivo dos chefes jagunços que Riobaldo conhece e admira. O "rei dos gerais" Medeiro Vaz, por exemplo, "andava por este mundo com mão leal, não variava nunca, não fraquejava".[51] O "grande homem príncipe" Joca Ramiro era "o homem mais valente deste mundo", no dizer do Menino. "Dele, até a sombra, que a lamparina arriava na parede, se trespunha diversa, na imponência, pojava volume", conforme conta o narrador a respeito da impressão que teve em seu primeiro contato com os jagunços, quando garoto, na fazenda de seu "padrinho" Selorico Mendes, com quem foi viver depois da morte da mãe.[52]

Em contraponto aos jagunços, admirados como heróis pelo protagonista desde jovem, ele comenta: "Meu padrinho Selorico Mendes era muito medroso. Contava que em tempos tinha sido valente, se gabava, goga. Queria que eu aprendesse a atirar bem, e manejar porrête e faca". Depois que o bando comandado por Joca Ramiro passa pela fazenda em que Riobaldo morava com o tal padrinho, este se compraz em contar as histórias de batalhas e de aventuras que tinha ouvido daqueles homens. Mas seu comprazimento soa como tentativa de se apropriar da coragem dos outros, por isso desperta no protagonista um enjoo: "Parecia que ele queria se emprestar a si as façanhas dos jagunços, e que Joca Ramiro estava ali junto de nós, obedecendo mandados, e que a total valentia pertencia a ele, Selorico Mendes".[53]

Desconfio que, quando o jovem Riobaldo foge da fazenda, depois de ouvir a insinuação de que o fazendeiro na verdade era seu pai, no fundo está fugindo do medo, ou de sua semelhança com alguém que considera covarde. Movido pelo sentimento confuso de uma desonra, por se reconhecer filiado a um homem assim, ele projeta no olhar dos outros a imagem de um jagunço quando chega a Curralinho, a vila em que fez seus estudos: "eu, com minhas armas matadeiras, tinha dado revolta contra meu padrinho, saíra de casa, aos gritos, danado no animal, pelo cerrado a fora, capaz de capaz!".[54]

Da fazenda São Gregório, de Selorico Mendes, Riobaldo vai então para a fazenda Nhanva, tornar-se preceptor de um fazendeiro chamado Zé Bebelo, cujo projeto é "sair pelo Estado acima, em comando de grande guerra", a fim de "liquidar com os jagunços, até o último, relimpar o mundo da jagunçada braba".[55] O aluno, sobre o qual o narrador declara "ele era a inteligência!", em pouco tempo aprende tudo o que seu jovem professor tem para ensinar e faz dele seu secretário. Esse personagem peculiar será uma referência central para o protagonista do romance, um modelo de chefe guerreiro e, ao mesmo tempo, um antagonista que precisa ser vencido. Com suas pretensões ligadas a uma ideia de ordem e de progresso, o fazendeiro que deseja se tornar deputado e acaba se convertendo em chefe jagunço põe em cena no livro contradições e conflitos da política brasileira.[56] Mas, considerado apenas quanto à sua atitude, Zé Bebelo é o oposto de Selorico Mendes: "Ah, Zé Bebelo era o do duro — sete punhais de sete aços, trouxados numa bainha só! [...] duelava de faca, nos espíritos solertes de onça acuada, sem parar de pôr; e medo, ou cada parente de medo, ele cuspia em riba e desconhecia".[57]

Assim, no movimento da primeira fuga do jovem protagonista, opõem-se modelos do medo e da coragem. Distanciando-se do pai fazendeiro que fica em casa contando façanhas imaginárias, Riobaldo conhece o chefe guerreiro que pretende dominar o mundo sertanejo, com seu sistema jagunço. A substituição da figura paterna é sugerida pelo próprio narrador, mais tarde, quando ele conta um episódio que se passa no acampamento comandado pelo Hermógenes, chefe violento e odioso. Riobaldo comenta: "Entremeando, eu comparava com Zé Bebelo aquele homem. Nessa hora, eu gostava de Zé Bebelo, quase como um filho deve de gostar do pai".[58]

Concluo, então, que o percurso que vai de Selorico Mendes a Zé Bebelo realiza ou põe em prática aquilo que

Riobaldo aprendera com o Menino, no passeio de canoa, quando eles atravessaram o rio. A lembrança desse episódio, no início da parte do livro que narra a juventude do narrador, leva-o a interromper sua rememoração e propor uma série de indagações que giram em torno do seu destino, irremediavelmente marcado pelo encontro. Ele comenta: "por isto foi que a estória eu lhe contei [...]. [...] Agora, que o senhor ouviu, perguntas faço". Uma delas diz respeito, justamente, ao teor do aprendizado que se deu naquela travessia: "que coragem inteirada em peça era aquela, a dele?". O próprio narrador que formula essa questão repete muitas vezes ao longo do livro, quase como um refrão, a frase "Viver é muito perigoso", e faz a seguinte autoavaliação antes de um momento de grande perigo: "Eu cá não madruguei em ser corajoso; isto é: coragem em mim era variável".[59]

Ao contrário dos guerreiros que admira, como Reinaldo, Medeiro Vaz, Joca Ramiro e Zé Bebelo, Riobaldo experimenta uma oscilação entre os extremos do medo e da coragem. Rememorando seu passado, ele sabe que precisou aprender a enfrentar o medo para se tornar jagunço, mas também se pergunta, falando do Menino, se aquela coragem inteirada, sem qualquer oscilação, viria de Deus ou do demo. Desse modo, o problema ético que pauta sua vida de guerreiro está associado às reflexões metafísicas e religiosas que o atormentam: o conflito entre a tentação demoníaca e a virtude piedosa, a vida que se equilibra entre o Bem e o Mal. Como observa Augusto de Campos: "Sem querer esgotar a riqueza de planos semânticos do romance, pode-se vislumbrar uma de suas significações-chave na dúvida existencial, a dúvida hamletiana — ser ou não ser — que Guimarães Rosa equaciona com uma fórmula própria: Deus ou o demo".[60]

Medo e coragem aparecem como atitudes que levam a ações, como princípios que estão por trás da efetivação de cada evento, que "dão corpo ao suceder". O objeto da narrativa não são os fatos, e sim a força motriz que dá materialidade ao tempo, que transforma decisões e projetos em acontecimentos. Não se trata de uma biografia, relato de "uma vida de sertanejo", pois o narrador pretende capturar o devir e não o ser, para usar essa distinção da filosofia clássica. Utilizando termos derivados da obra de Gilles Deleuze, cujas reflexões sobre literatura são voltadas para a questão do devir, talvez se possa falar também que o propósito da narrativa de Riobaldo é expressar a diferença e não a identidade.[61] Ao rememorar seu passado, querendo "decifrar as coisas que são importantes", o narrador de *Grande sertão: veredas* conta as experiências de um processo de formação caracterizado pela oscilação, pela inquietude, ao mesmo tempo angústia existencial e errância geográfica.

A formação não é conquista de uma identidade, e sim sucessão de devires, de aberturas, nas quais a inadequação está sempre indicada como possibilidade iminente de fuga. Como diz Riobaldo: "O senhor... Mire veja: o mais importante e bonito, do mundo, é isto: que as pessoas não estão sempre iguais, ainda não foram terminadas — mas que elas vão sempre mudando. Afinam ou desafinam. Verdade maior. É o que a vida me ensinou".[62]

O filho bastardo que foge da fazenda do pai torna-se provisoriamente professor, apenas para partir sob o comando de Zé Bebelo para a guerra. Ele se identifica mais com os jagunços aprisionados nas primeiras batalhas, sertanejos como ele, do que com as pretensões políticas do seu primeiro chefe, então foge de novo, sem saber para onde, e por um acaso, por ter reencontrado o Menino (Diadorim), acaba se tornando um jagunço que vai lutar contra aquele chefe. O narrador comenta: "De seguir assim, sem a dura decisão, feito cachorro magro que espera viajantes em ponto de rancho, o senhor quem sabe vá achar que eu seja homem sem caráter. Eu mesmo pensei". Essa indecisão se mostra também quando ele, ao contar como se tornou jagunço, enfatiza sua diferença em relação aos demais jagunços: "Então, eu era diferente de todos ali? Era. Por meu bom. Aquele povo da malfa, no dia e noite de relaxação, brigar, beber, constante comer". Mais adiante: "Antes o que me atanazava, a mór [...] era o significado que eu não achava lá, no meio onde eu estava obrigado, naquele grau de gente".[63]

O acampamento dos jagunços, chefiado por "esse Hermógenes — belzebú", é descrito como uma instância infernal, que impele Riobaldo a fugir mais uma vez: "E aquele inferno estava próximo de mim, vinha por sobre mim. [...] já, que ia m'embora, fugia". Ele não realiza esse plano, mas só por medo de errar e por não poder desistir de Diadorim, que ao ouvir aquela ideia o agarra com o olhar, em meio a um "silêncio de ferro". Avaliando o que se passou, diz o narrador: "fui sempre um fugidor. Ao que fugi até da precisão de fuga".[64]

Naquele lugar, sob o comando do Hermógenes, é que Riobaldo começa a aprender o sistema jagunço e ganha seu apelido *Tatarana*, lagarta-de-fogo, por ser um exímio atirador. É esse seu talento que conquista o respeito dos outros jagunços e leva o chefe — homem diabólico, "fel dormido",[65] que ele odeia e tem muitas vezes o ímpeto de matar — a convocá-lo para seguir a seu lado na primeira grande batalha. Ele reflete, ao narrar a tocaia e o tiroteio:

Então, eu estava ali era feito um escravo de morte, sem querer meu, no puto de homem, no danadório! E eu não podia virar só o corpo um pouco, abocar minha arma nele Hermógenes, desfechar? Podia não, logo senti. Tem um ponto de marca, que dele não se pode mais voltar para trás. Tudo tinha me torcido para um rumo só, minha coragem regulada somente para diante, somente para diante; e o Hermógenes estava deitado ali, em mim encostado — era feito fosse eu mesmo.[66]

Portanto, foi a coragem que o impeliu adiante, para um ponto sem volta em que ele não pode negar que é também um jagunço e um matador, igual ao Hermógenes.

SUPERAR A SI MESMO

A identificação do herói com o vilão, descrito como um homem cruel, violento e diabólico, reputado como pactário, antecipa o que Riobaldo precisará fazer para se tornar líder do bando e vencer a guerra no sertão. Pois o longo processo que o leva a assumir a chefia, posição que recusa diversas vezes em sua vida na jagunçagem, só se consuma por meio do pacto.

A passagem de jagunço atirador a chefe é um dos principais temas da segunda parte do romance, após a morte de Joca Ramiro. Mas Riobaldo não narra propriamente a conquista da chefia, ou a vida de um chefe, e sim a problemática e conflituosa construção de uma identidade, que será inclusive designada por um apelido novo: em vez de Tatarana, Urutú-Branco, nome de uma serpente de bote rápido. Quatro eventos me parecem dignos de destaque no processo narrado nessa segunda parte: 1) a intervenção de Riobaldo durante o julgamento de Zé Bebelo; 2) a recusa em assumir a chefia após a morte de Medeiro Vaz; 3) o conflito com Zé Bebelo e 4) o pacto. Ao comentar esses eventos, pretendo indicar uma dialética do medo e da coragem.

O episódio do julgamento, um dos mais elaborados do romance, reúne todos os grandes chefes, com exceção de Medeiro Vaz. Ele ao mesmo tempo conclui a primeira guerra, entre os ramiros e os bebelos, e provoca a traição que acarretará a segunda, entre o bando que será chefiado por Riobaldo e os "Judas", chefiados pelo Hermógenes e por Ricardão, os assassinos de Joca Ramiro. Sem entrar em detalhes a respeito da elaboração complexa do episódio e de sua importância no enredo,[67] destaco apenas o fato de que a princípio os chefes são responsáveis por discursar, de modo que a cada fala um deles é posto em foco. Ocorre que, ao final, Joca Ramiro oferece a palavra aos demais jagunços, seus filhos, seus "cabras valentes". Dois homens chegam a dar opiniões de pouca importância para o julgamento, e então Riobaldo toma a palavra e faz um belo discurso em defesa de Zé Bebelo, no qual exalta o caráter épico daquela guerra em que "todo o mundo vai falar, pelo Norte dos Nortes, em Minas e na Bahia toda, constantes anos, até em outras partes... Vão fazer cantigas, relatando as tantas façanhas".[68] Tudo isso para perguntar se é honra ou vergonha matar o prisioneiro e, em seguida, sugerir que ele seja exilado, como de fato acaba acontecendo logo depois, pela decisão de Joca Ramiro.

Ora, ao discursar diante de todos, tornando-se o foco das atenções, e contribuir para o veredito final, Riobaldo se equipara aos chefes presentes. No entanto, a questão da chefia já tinha aparecido bem antes disso no romance, desde o episódio da morte de Medeiro Vaz, sequência da tentativa fracassada de travessia do Liso do Sussuarão. Cronologicamente, o evento se passa depois do julgamento, mas a narrativa o antecipa e faz dele o primeiro grande episódio da trama épica. Quando morre o "rei dos gerais", único chefe de autoridade equiparável à de Joca Ramiro, é preciso definir o sucessor. "Quem capitanêia?", pergunta Medeiro Vaz em seu último fôlego, mas não consegue dizer mais nada, só o olhar dele é que para em Riobaldo. "Coração me apertou estreito", o protagonista comenta. "Eu não queria ser chefe!"[69] Mas Diadorim lhe diz: "Riobaldo, tu comanda. Medeiro Vaz te sinalou com as derradeiras ordens", e os outros assentem, repetindo o apelido Tatarana.

"Temi", diz o narrador antes de mencionar sua resposta: "Não posso, não quero! Digo definitivo! Sou de ser e executar, não me ajusto de produzir ordens..." Segue-se um instante de perigo, em que "tudo rosna", e então é Diadorim quem pretende tomar a chefia. Mas Riobaldo não deixa isso acontecer e argumenta que "Marcelino Pampa é quem tem que comandar", por ser o mais velho e ajuizado. Quando a situação está resolvida, Diadorim comenta então: "Foi você, mesmo, Riobaldo, quem governou tudo hoje. Você escolheu Marcelino Pampa, você decidiu e fez...".[70]

Mais tarde, num momento de inquietação do protagonista, que chama Diadorim para ir embora da jagunçagem, este lhe pergunta: "Riobaldo, você teme?". O diálogo remete a uma proposta semelhante feita no acampamento do Hermógenes e ao longínquo primeiro encontro entre os dois, ocorrido muitos anos e muitas páginas antes. A frase "Carece de ter coragem...", naquele episódio, tinha sido uma resposta à demonstração de medo do menino Riobaldo, por não saber nadar, diante da imensidão de água do São Francisco. Essa frase se manteve ecoando a cada passo da narrativa. Outra versão dela é formulada por Diadorim nesse momento: "Ei, retentêia! Coragem faz coragem...", ele diz. Em seguida argumenta: "Riobaldo, você pensa bem: você jurou vinga, você é leal. E eu nunca imaginei um desenlace assim, de nossa amizade. [...] E tem o que eu ainda não te disse [...]: [...] quando você quiser mesmo calcar firme as estribeiras, a guerra varia de figura...". Volta-se assim ao tema da chefia, mas o protagonista a recusa, como já fizera após a indicação de Medeiro Vaz: "Eu disse: nãozão! Me desinduzi. Talento meu era só o aviável de uma boa pontaria ótima, em arma qualquer".[71]

De fato, é preciso ter talento para chefiar, como aliás tinha mostrado o próprio caso de Marcelino Pampa, que se tornou o novo chefe escolhido por outra pessoa e não foi capaz de livrar o bando do perigo em que se encontrava, cercado por inimigos de tocaia, na iminência de ser derrotado. O que salva a situação naquele episódio é a chegada heroica de Zé Bebelo, que voltava do exílio em Goiás e dizia ter vindo vingar a morte de Joca Ramiro. Uma testemunha conta:

> É briga enorme... É um homem... Vou indo pra longe, para a casa de meu pai... Ah, é um homem... Ele desceu o Rio Paracatú, numa balsa de burití... [...] Deu fogo... O homem, com mais cinco homens... Avançaram do mato, deram fogo contra os outros. Os outros eram montão, mais duns trinta. Mas fugiram. [...] Homem terrível... Falou que vai reformar isto tudo![72]

Ao assumir a chefia, combinando coragem e astúcia, Zé Bebelo reorganiza o bando, vence batalhas e leva os jagunços para se refugiarem no velho casarão da Fazenda dos Tucanos. Desse momento em diante, a questão da chefia se modifica para o narrador, porque passa a envolver seu conflito com a autoridade do personagem que é seu modelo e antagonista, numa relação de professor e aluno, mestre e aprendiz, quase pai e filho.

O cerco da Fazenda dos Tucanos se destaca, entre os diversos episódios infernais do romance, pela plasticidade da violência e pela vertiginosa proximidade da morte. O tempo não passa, a situação claustrofóbica parece totalmente sem saída, com o bando acuado dentro de um casarão pelos inimigos. Os tiros são sinalizados pelo constante bater do couro preto de vaca pendurado na janela para amortecer as balas; o cheiro dos corpos dos mortos, amontoados num quarto dos fundos, vai impregnando o ambiente; os barulhos terríveis que fazem os cavalos moribundos, alvejados no curral, quase enlouquecem até os inimigos. E, no meio de tudo isso, Riobaldo reassume seu papel de secretário de Zé Bebelo, instado a escrever mensagens para autoridades de lugares próximos, avisando aos soldados que, se vierem, vão capturar os jagunços. Seria a única saída do cerco, planejada pelo chefe astucioso? Ou seria um plano que correspondia à sua antiga aspiração política de livrar o sertão da jagunçagem?

A desconfiança de Riobaldo é o ponto de partida para o confronto, que em dado momento ganha a forma telegráfica de um diálogo ríspido:

— "O senhor, chefe, o senhor é amigo dos soldados do Governo...".

[...]

Ele disse: — "Tenho amigo nenhum, e soldado não tem amigo...".

Eu disse: — "Estou ouvindo".

Ele disse: — "Eu tenho é a Lei. E soldado tem é a lei...".

Eu disse: — "Então, estão juntos".

Ele disse: — "Mas agora minha lei e a deles são às diversas: uma contra a outra...".

Eu disse: — "Pois nós, a gente, pobres jagunços, não temos nada disso, a coisa nenhuma...".[73]

O que define o conflito dos dois personagens durante o cerco, desde o início, é a oscilação entre medo e coragem. Riobaldo conta que, antes do diálogo, ao entregar a carta que tinha escrito a mando de Zé Bebelo, sua mão "não espargiu nenhum tremor". Assim, "o que regeu em mim foi uma coragem precisada, um desprezo de dizer; o que disse". Depois do diálogo, ele ri: "E eu ri, ah, riso de escárneo, direitinho; ri, para me constar, assim, que de homem ou de chefe nenhum eu não tinha medo".[74] No entanto, em outro momento, quando precisa questionar diretamente Zé Bebelo por achar que um dos homens dele o estava vigiando, Riobaldo gagueja. "Apatetado?", pergunta o narrador. "Nem não sei. Tive medo não. Só que abaixaram meus excessos de coragem, só como um fogo se sopita. Todo fiquei outra vez normal demais; o que eu não queria. Tive medo não. Tive moleza, melindre." Zé Bebelo lhe responde "de rajada", reafirmando sua condição de "Chefe", e ele fraqueja: "as pernas queriam estremecer para amolecer. Aí eu não me formava pessoa para enfrentar a chefia de Zé Bebelo?".[75]

Mesmo assim, Riobaldo mantém firme a decisão de matar o Chefe se ele trair o bando. Só que isso não é necessário, pois no final do episódio do cerco o plano funciona: a chegada dos soldados obriga os inimigos a pedir uma trégua, e com isso Zé Bebelo lidera a fuga do casarão da Fazenda dos Tucanos. O narrador reflete: "Assim — quem era que tinha podido mais? Zé Bebelo, ou eu? Será, quem era que tinha vencido?".[76]

Esse confronto ocorrido durante o cerco marca o início do caminho tortuoso que transformará Riobaldo Tatarana em Urutú-Branco, como será chamado ao assumir a chefia. O tema do medo e da coragem é fundamental no processo todo, como se pode notar por uma observação do narrador a respeito das decisões que levaram o bando até um retiro chamado Coruja, perto das Veredas Mortas. Zé Bebelo quer se distanciar de um povoado miserável, acometido por horrorosa doença, e Riobaldo comenta que ele "pegou a principiar medo! Por que? Chega um dia, se tem. Medo dele era da bexiga, do risco de doença e morte". Então o narrador dá um conselho a seu interlocutor silencioso: "Alguém estiver com medo, por exemplo, próximo, o medo dele quer logo passar para o senhor: mas, se o senhor firme aguentar de não temer, de jeito nenhum, a coragem sua redobra e tresdobra, que até espanta". Enfim, conclui: "Pois Zé Bebelo, que sempre se suprira certo de si, tendo tudo por seguro, agora bambeava. Eu comecei a tremeluzir em mim".[77]

Nas Veredas Mortas ocorre o episódio do pacto, que pode ser considerado revelação, já na parte final do romance, do acontecimento que motivava desde o início as indagações metafísico-religiosas do narrador, especialmente insistentes no começo do livro. Só então se explica por que "este caso [...] é de minha certa importância", como declara o narrador nas primeiras páginas, ao pedir a confirmação do interlocutor letrado de que o diabo não existe.[78] Para além de suas implicações míticas e místicas,[79] e de possíveis comparações com outras abordagens literárias do tema fáustico,[80] chamo atenção, mais uma vez, para uma dialética de medo e coragem, que corresponde ao plano psicológico e ético da experiência em questão.

Riobaldo conta: "Cheguei lá, a escuridão deu. Talentos de lua escondida. Medo? Bananeira treme de todo lado. Mas eu tirei de dentro de meu tremor as espantosas palavras. [...] Eu não ia temer. O que eu estava tendo era o medo que ele estava tendo de mim!". Nesse momento, ele retoma a ideia que tinha defendido nas primeiras páginas de que o diabo não existe solto, cidadão, em pessoa: "Quem é que era o Demo, o Sempre-Sério, o Pai da Mentira? Ele não tinha carnes de comida da terra, não possuía sangue derramável. Viesse, viesse, vinha para me obedecer". Mas o que a narração destaca é sobretudo a imposição de uma atitude que consiste em superar o medo: "Tudo era para sobrosso, para mais medo; ah, aí é que bate o ponto. E por isso eu não tinha licença de não me ser, não tinha os descansos do ar. A minha ideia não fraquejasse". Ao pavor que ameaça dominá-lo, Riobaldo opõe uma afirmação de sua vontade: "E, o que era que eu queria? Ah, acho que não queria mesmo nada, de tanto que eu queria só tudo. Uma coisa, a coisa, esta coisa: eu somente queria era — ficar sendo!".[81]

Embora descreva também o ambiente, a narrativa se volta em especial para o que se passa no pensamento do protagonista. Nota-se uma virada, em dado momento, como se ele afinal superasse o medo e, com isso, conquistasse outra qualidade de coragem. O propósito racional do pacto se esclarece, associado ao seu velho dilema metafísico. Riobaldo diz

"'Deus ou o demo?' — sofri um velho pensar", mas em seguida substitui a conjunção alternativa "ou" pela conjunção aditiva "e": "Deus e o demo! — 'Acabar com o Hermógenes! Reduzir aquele homem!...' —; e isso figurei mais por precisar de firmar o espírito em formalidade de alguma razão".

Explicita-se uma transformação no estado de espírito do protagonista:

> Eu esperava, eh! De dentro do resumo, e do mundo em maior, aquela crista eu repuxei, toda, aquela firmeza me revestiu: fôlego de fôlego de fôlego — da mais-força, de maior-coragem. A que vem, tirada a mando, de setenta e setentas distâncias do profundo mesmo da gente. Como era que isso se passou?[82]

Levando em conta a dimensão psicológica do episódio, avalio que essa "maior-coragem" que vem "do profundo mesmo da gente" é o elemento fundamental que conecta o pacto com a questão da chefia.

Quando o protagonista retorna ao acampamento dos jagunços chefiados por Zé Bebelo, em meio aos diversos sinais de um comportamento estranho e inusual por parte dele, a chegada de um dos subchefes de Joca Ramiro, João Goanhá, é a ocasião para a pergunta: "Ah, agora quem aqui é que é o Chefe?". O protagonista repetirá seis vezes essa pergunta no meio do bando, diante da hesitação de seus dois concorrentes. Há uma tomada de consciência que se dá no decorrer da própria cena: "Me olharam. Saber, não soubessem, não podiam como responder: porque nenhum deles não era. [...] E eu — ah — eu era quem menos sabia — porque o Chefe já era eu".[83] Numa das repetições, entre o começo da pergunta "Quem é qu'..." e o final "... é o chefe?!...", Riobaldo mata dois homens que "rosnaram". Eliminando quem desafiava sua reivindicação, ele responde assim, performaticamente, por meio de uma ação rápida e sumária, digna de filme de faroeste, à pergunta que ele mesmo está fazendo.

A situação leva ao ápice o confronto que tinha se iniciado na Fazenda dos Tucanos. Antes Riobaldo questionara se "formava pessoa para enfrentar a chefia de Zé Bebelo", agora ele conta: "Ali, era a hora. E eu frentemente endireitei com Zé Bebelo, com ele de barba a barba. Zé Bebelo não conhecia medo. Ao então, era um sangue ou sangues, o etcétera que fosse".[84] Mas no final não é preciso derramar sangue, porque Zé Bebelo diz: "A rente, Riobaldo! Tu o chefe, chefe é: tu o Chefe fica sendo...", e depois lhe dá seu novo nome: "Mas, você é o outro homem, você revira o sertão... Tu é terrível, que nem um urutú branco...".[85]

Só depois do pacto, portanto, Riobaldo conquista a coragem demoníaca que lhe permite contrariar sua própria natureza ("fui sempre um fugidor", "Eu não queria ser chefe!", "Sou de ser e executar, não me ajusto de produzir ordens") e assumir uma nova identidade. Deixa de ser o fugidor, deixa de ser o atirador Tatarana ("Talento meu era só o aviável de uma boa pontaria ótima, em arma qualquer"), e passa a ser o Chefe.

MATÉRIA VERTENTE

Em "Sobre o páthos da verdade", texto reaproveitado depois no opúsculo *Sobre verdade e mentira*, Nietzsche fala de um "demônio sem sentimentos" que ensinaria ao homem uma lição sobre as verdades e os valores de que ele tem orgulho.

O resultado dessa lição, que pode ser aproximado da noção muitas vezes repetida por Riobaldo de que "viver é muito perigoso", ganha uma expressão metafórica: "talvez o homem pressinta, então, que se apoia no ínfimo, no insaciável, no repugnante, no cruel, no mórbido, na indiferença de sua ignorância, agarrado a sonhos, como sobre o dorso de um tigre".[86] Guimarães Rosa, que foi leitor de Nietzsche e eventualmente poderia conhecer a passagem, faz o narrador de *Grande sertão: veredas* usar metáfora semelhante: "Todos que malmontam no sertão só alcançam de reger em rédea por uns trechos; que sorrateiro o sertão vai virando tigre debaixo da sela".[87]

Para se tornar chefe, no final do romance, Riobaldo precisa ir além disto que ele próprio tinha aprendido a respeito do sertão: que era para "se ir obedecendo a ele; não era para à força se compor". A partir dessa consciência do perigo do viver, desse vislumbre da ferocidade e da crueldade sobre a qual repousa o arbítrio humano, a chefia, enquanto exercício do poder, depende de uma superação de si mesmo. Essa ideia é formulada claramente no episódio do pacto: "Eu queria ser mais do que eu. Ah, eu queria, eu podia. Carecia".[88] A superação de si, como tema ético, aparece no romance entrelaçada ao problema metafísico-religioso da escolha de Deus ou do diabo, do bem ou do mal. Talvez se possa falar, nesse sentido, de outra lição nietzschiana aprendida por Riobaldo, levando em conta o que diz o Zaratustra de Nietzsche, em "Do superar a si mesmo", recorrendo a uma imagem fluvial como muitas das utilizadas por Guimarães Rosa:

> Colocastes a vossa vontade e os vossos valores no rio do devir; uma velha vontade de poder revela-me aquilo em que o povo acredita como sendo o bem e o mal.

[...] Agora o rio leva o barco: deve levá-lo. Pouco importa que a onda ao romper-se espumeje e, furiosa, se oponha à quilha!

Não o rio é o vosso perigo e o fim do vosso bem e mal, ó os mais sábios dentre os sábios, mas aquela mesma vontade, a vontade de poder.[89]

Em ensaio que discute a relação entre filosofia e literatura a partir de *Grande sertão: veredas*, Benedito Nunes menciona Nietzsche ao falar de um momento de crítica da metafísica, no pensamento contemporâneo, em que se destaca a "passagem da linguagem ao primeiro plano da reflexão".[90] Remetendo a uma discussão que pode ser encontrada em *Assim falou Zaratustra* e em *Sobre verdade e mentira*, ele constata: "descobre-se o solo metafórico da *filosofia*, e pode-se então começar a perguntar se ela não é uma certa espécie de literatura", com isso, "repassados na mesma *vontade de verdade*, o discurso verdadeiro, filosófico, pode dissimular tanto quanto o discurso falso, literário, pode revelar".[91]

Ao abordar o romance de Guimarães Rosa, a fim de examinar a *instância de questionamento* que se revela na narrativa, portanto o pensamento próprio de Riobaldo, e não sua filiação a alguma corrente filosófica, o crítico defende a seguinte tese: "A suprema sabedoria conquistada pelo narrador, ao coligir a experiência passada no ato de narrá-la, é introduzir, sub-repticiamente, um terceiro termo entre Deus e o Demônio, já por ele tão aproximados".[92] Esse terceiro termo está ligado à transcendência do sertão regional que mencionei no início deste ensaio: lugar descrito e documentado que se converte em "*realidade problemática*" — o *Grande sertão*, o Sertão-Mundo.

Num dos intervalos reflexivos na narrativa, antes de começar a contar o primeiro fato que se deu e que mudou sua vida, Riobaldo diz, numa alusão ao título do romance: "Lhe falo do sertão. Do que não sei. Um grande sertão! Não sei. Ninguém ainda não sabe. Só umas raríssimas pessoas — e só essas poucas veredas, veredazinhas".[93] Segundo Nunes, embora seja "traiçoeiro como Deus, bruto como o Demônio", o grande sertão não é nem um nem outro, e por isso é o espaço em que se aprende a viver, ou em que se aprende que "aprender-a-viver é que é o viver, mesmo", como diz Riobaldo.[94]

O espaço representado, que transcende os limites da representação de uma realidade tangível e mapeável de determinadas regiões do Brasil, implica a relação do homem com o "poder do lugar". Sinal disso é, por exemplo, como já observou Antonio Candido, a comparação entre as duas travessias do Liso do Sussuarão que aparecem no livro: lugar infernal e intransponível na primeira, tormento para os homens de Medeiro Vaz, na segunda vez, depois do episódio do pacto, ele é atravessado com facilidade pelo bando de Riobaldo. Haveria um "princípio de adesão do mundo físico ao estado moral do homem",[95] expresso numa das muitas definições dadas pelo narrador: "sertão é onde o pensamento da gente se forma mais forte do que o poder do lugar".[96]

Assim, a dimensão ética, o aprendizado do modo de viver que no romance está articulado ao tema do medo e da coragem, conecta-se com a representação e traz o espaço representado para o enredo, como uma espécie de personagem alegórico. Nunes constata:

> Essa realidade problemática e onipresente da existência humana e do mundo interligados, em que o sertão regional

se transforma, corresponde ao repetido motivo, que alenta a reflexão, do *viver perigoso*, não só arriscado mas incerto, viver de que não há senão um discernimento incompleto e limitado, e cuja regra certa, sempre visada e pressentida, não se possui antecipadamente.[97]

Depois que Riobaldo diz querer "decifrar as coisas que são importantes", "entender do medo e da coragem", explica que está contando não a vida considerada como sequência de fatos, mas "as coisas que formaram passado para mim com mais pertença", não "uma vida de sertanejo, seja se for jagunço, mas a matéria vertente".[98] Essa definição foi aproveitada por Benedito Nunes como título de um ensaio de 1983, também sobre a relação entre filosofia e literatura no romance de Guimarães Rosa. O autor comenta que *Grande sertão: veredas*, como todos os grandes romances, não pode ser compreendido como um inventário ou uma ilustração de noções filosóficas, por mais que se possa identificar no livro, por exemplo, a apropriação de ideias de Platão, Plotino ou Santo Agostinho. O "amálgama das ideias neoplatônicas e das doutrinas heterodoxas do Cristianismo — o hermetismo e a alquimia —, da cabala e dos ensinamentos maçônicos" seria apenas um dos pontos a serem pensados numa abordagem filosófica. Mais importante do que identificar a conexão com vertentes do pensamento filosófico é entender o modo como se dá essa apropriação, ou seja, o trabalho com a linguagem que mostra poeticamente os limites do pensamento, misturando o saber erudito e popular, escrito e oral. Assim: "o filósofo que alegoriza em *Grande sertão: veredas* é, antes de tudo, um pensador-poeta trabalhando como romancista".[99]

O MAR, O RIO E A TEMPESTADE

A noção de uma narrativa da matéria vertente, em oposição ao relato biográfico da vida de um sertanejo ou jagunço, indica a consciência, por parte do narrador altamente especulativo, de que cada etapa de sua vida é sempre um fluxo, um devir, uma errância. Desse modo, sua identidade, seja como sertanejo, seja como jagunço, seja como chefe, é apenas aparente e provisória. Nota-se uma sucessão de etapas que constitui, ao mesmo tempo, um processo de formação e um fluxo de transformação: o garoto pobre que se descobriu filho de um fazendeiro e fugiu da casa do pai, o jovem estudante formado em Curralinho que virou professor, o exímio atirador Riobaldo Tatarana que participou de diversas batalhas e matou muitos homens, o Urutú-Branco que liderou o bando para a batalha em que o Hermógenes foi finalmente derrotado.

Tornar-se jagunço e tornar-se chefe são as provações que constituem o teor heroico de um dos veios principais do enredo, sua trama épica. Mas Riobaldo não se define nem propriamente como jagunço, nem como chefe. Ele narra a necessidade das duas condições como uma superação de si, vitória sobre o medo e imposição da vontade por meio da coragem. A trama épica, com suas provações, só acontece em função de uma trama amorosa, força motriz por trás das decisões do protagonista. É o amor por Diadorim que desde o primeiro encontro — primeiro fato que se deu — decide o seu destino, como uma força de atração que o leva a deixar de ser um fugidor e a entrar no bando jagunço de Joca Ramiro. Entrecruzada à trama épica, essa história de um amor proibido, maldisfarçado em amizade, está por trás também da necessidade de assumir a chefia para derrotar o traidor Hermógenes e vingar a morte do pai de Diadorim.

O desfecho das duas tramas entrecruzadas é quase concomitante. Na última batalha, do Tamanduá-tão, finalmente o vilão Hermógenes é derrotado, mas Diadorim também morre no duelo à faca, cuja ação é narrada como um torvelinho: "Trecheio, aquilo rodou, encarniçados, roldão de tal, dobravam para fora e para dentro, com braços e pernas rodejando, como quem corre, nas entortações. ... *O diabo na rua, no meio do redemunho...*".[100] O anúncio da vitória do bando de Riobaldo, com a morte do Hermógenes, marca o fim da trama épica do romance, mas o fim da trama trágico-amorosa estende-se ainda até a revelação do segredo:

> Eu conheci! Como em todo tempo antes eu não contei ao senhor — e mercê peço: — mas para o senhor divulgar comigo, a par, justo o travo de tanto segredo, sabendo somente no átimo em que eu também só soube... Que Diadorim era o corpo de uma mulher, moça perfeita.[101]

Não é à toa que, depois de encerrados os dois veios principais do enredo, Riobaldo anuncia o fim da narrativa: "Narrei ao senhor. No que narrei, o senhor talvez até ache mais do que eu, a minha verdade. Fim que foi". E insiste repetidamente:

> Aqui a estória se acabou.
> Aqui, a estória acabada.
> Aqui a estória acaba.[102]

Mas o romance continua ainda por mais algumas páginas, nas quais o narrador conta como deixou a jagunçagem, viveu o luto por Diadorim, quase morreu de tristeza, e finalmente como se tornou o fazendeiro que está contando seu passado.

Há, portanto, uma última transformação, um último devir, que ocorre depois do fim, depois que a estória acaba. Riobaldo perde Diadorim, deixa de ser jagunço e chefe. Ele se casa com Otacília, filha de fazendeiro, e assume aquela condição de que tinha fugido inicialmente, a de herdeiro de Selorico Mendes, que lhe deixou suas fazendas. A condição de fazendeiro é oposta à de jagunço, como tinha constatado o próprio Riobaldo ao comparar Zé Bebelo com um senhor de terras, seô Habão: "conheci que fazendeiro-mór é sujeito da terra definitivo, mas que jagunço não passa de ser homem muito provisório".[103] O protagonista do romance, abandonando sua condição errante e provisória de jagunço, fica assentado, de "range-rede", tomou gosto em especular ideia e recebe a visita do interlocutor a quem a estória é contada.

Na narrativa, como busca daquilo que Riobaldo chama de "minha verdade", a errância pelo sertão que marcou o passado de amores e batalhas do protagonista se transfere para o pensamento. Do desfecho épico e do desfecho trágico, restam orgulho resignado e culpa mal resolvida, pois se misturam na rememoração a grande vitória na batalha contra o Hermógenes e a tristeza avassaladora pela morte de Diadorim, preço alto demais por aquela vitória. Se a errância do herói constitui uma luta do homem contra o poder do tempo, como se define o romance moderno, a narrativa em forma de rememoração de *Grande sertão: veredas* revela uma errância do pensamento em busca do sentido perdido dessa luta.

MISTURA DE FORMAS: A POÉTICA DO *GRANDE SERTÃO*

> ... todo livro é um livro de ensaios de ensaios do livro
> por isso o fim-começo começa e fina recomeça e refina...
> Haroldo de Campos

GÊNEROS LITERÁRIOS

Em sentido técnico, *Grande sertão: veredas* sem dúvida é um romance, mas, desde que o livro foi lançado, em 1956, e começou a ser lido, estudado e comentado, ficou evidente para leitores e críticos a dificuldade de classificá-lo segundo concepções teóricas tradicionais. O próprio Guimarães Rosa usa de maneira pouco usual, em algumas ocasiões, as designações de gêneros literários. Para exemplificar a fluidez da classificação que ele faz de sua obra, lembro que as novelas do *Corpo de baile* foram listadas como "poemas" no sumário que aparece no início da primeira edição, mas depois foram divididas entre "romances" e "contos" num segundo sumário, incluído no fim do livro. No entanto, em cartas e entrevistas, o escritor costuma adotar a nomenclatura mais usual dos teóricos da literatura para se referir aos "contos" de *Sagarana* (1946) ou de *Primeiras estórias* (1962), às sete "novelas" que compõem *Corpo de baile* e ao seu único "romance".

O ÉPICO

O debate gerado pela dificuldade de classificação de *Grande sertão: veredas* teve início já em alguns dos primeiros ensaios escritos sobre o livro por críticos brasileiros. Em "Trilhas no Grande Sertão", Manuel Cavalcanti Proença defende a ideia de que, "se há necessidade de classificação literária", o romance de Guimarães Rosa sem dúvida é uma epopeia.[104] Ele identifica uma superposição de planos que pode ser dividida, de modo simplificado, em três partes. Uma delas diz respeito ao homem, ao indivíduo, e revela os "antagonismos entre os elementos da alma humana". Outra parte, telúrica e mítica, diz respeito à natureza, ou melhor, ao lugar onde os elementos naturais aparecem como personagens. Mas há uma terceira parte, "subjacente, coletiva, influenciada pela literatura popular que fez do cangaceiro Riobaldo um símile do herói medieval, retirado de romances de cavalaria e aculturado nos sertões do Brasil Central".[105]

Essa associação com os romances de cavalaria foi retomada pouco depois em "O homem dos avessos", de Antonio Candido, para quem os jagunços de *Grande sertão: veredas*, ao mesmo tempo que se mostram figuras típicas do interior brasileiro, aproximam-se dos paladinos medievais. Sendo a história situada no mundo da pecuária extensiva que se desenvolveu naquela parte do país, é constante no livro a presença do gado e da cultura que gira em torno dele, com vaqueiros, tropeiros e bandos armados a serviço de grandes senhores de terra e líderes políticos regionais. No entanto, os jagunços de Guimarães Rosa "são e não são reais": se o seu comportamento "não segue o padrão ideal dos poemas" medievais, por outro lado "obedece à sua norma fundamental, a lealdade; e não há dúvida que também para eles a carreira das armas tem significado algo transcendente, de obediência a uma espécie de dever".[106]

Em *As formas do falso*, Walnice Galvão retomou a proposta de Proença e Candido a fim de mostrar que a presença de "elementos do imaginário da cavalaria" em *Grande sertão: veredas* abrange dois níveis, nos quais se revela uma combinação, característica da obra de Guimarães Rosa, entre o mundo letrado e a tradição oral da cultura popular.[107] O fenômeno histórico da jagunçagem passa por um processo de medievalização e heroificação que se relaciona com analogias propostas antes por estudiosos, historiadores, cronistas e romancistas brasileiros. Há diversos exemplos de autores que fazem analogias desse tipo em considerações teóricas sobre a história do Brasil, como Oliveira Viana e Pedro Calmon, que usam expressões como "clã feudal", "espécie de Ordem da Cavalaria" ou "cavalarias do sertão". Galvão comenta também os casos de romancistas do século XIX ligados à tradição regionalista, entre os quais se destaca Afonso Arinos, que em seu livro *Os jagunços*, de 1898, fala das "guerras feudais do sertão da Bahia, essas lutas lendárias de família a família, onde a vendeta constituíra verdadeiro culto".[108]

Entretanto, se a medievalização do sertão era "moeda corrente na tradição letrada brasileira", definindo a perspectiva nobilitadora da classe dominante, ela se dava também em "outro nível, bem diverso", que "é o da tradição popular sertaneja", expressão de um "modelo histórico de que dispõe a plebe rural, que não tem história, para mais ou menos objetivar o seu destino".[109] Tanto na tradição de contação de casos e de recitação de versos quanto nos romances de cordel que dão a eles forma escrita, é notável um "conjunto onde o cavaleiro andante, o cangaceiro, a donzela guerreira, a donzela sábia, figuras da história do Brasil, o animal, o diabo, são todos personagens de um só universo". Galvão menciona, por exemplo, uma seleção de romances de cordel na qual as histórias "O cavaleiro Roldão" e "Os martírios de Genoveva" convivem com "A verdadeira história de Lampião e Maria Bonita" e a "Peleja de Manuel Riachão com o Diabo". Os títulos evidenciam o quanto a tradição popular dos cantadores e cordelistas foi influenciada pela antiga tradição letrada dos romances de cavalaria, especialmente em sua vertente portuguesa. Um sinal inequívoco dessa continuidade é o "texto que mais se alastrou pelo sertão e mais vida e popularidade teve", que foi *História do imperador Carlos Magno e dos doze pares de França*. Essa novela de cavalaria, a que Luís da Câmara Cascudo se referiu como "o grande livro de História para as populações do interior", é avaliada por Galvão como uma "fonte inexaurível de inspiração para cantores sertanejos".[110]

Em *Grande sertão: veredas*, noto que a referência dos heróis de cavalaria está integrada ao livro nos dois níveis indicados por Walnice Galvão. Por um lado, a integração está situada no plano formal, como opção do autor de fazer dos jagunços heróis semelhantes a paladinos, a partir do conhecimento da tradição letrada que inclui tanto os próprios romances de cavalaria europeus quanto obras de escritores brasileiros nas quais o processo de medievalização e nobilitação era recorrente. Por outro lado, já que o mesmo processo faz parte também da cultura popular, a ideia dos jagunços como cavaleiros se encontra no plano da representação, como elemento usado na construção do protagonista-narrador Riobaldo. Nesse sentido, a associação com a cavalaria define uma perspectiva atribuída de modo verossímil ao personagem, bom conhecedor da tradição oral das cantigas do sertão. Ele diz, por exemplo, que "Joca Ramiro era único homem, par-de-frança, capaz de tomar conta deste sertão nosso", e em outro momento menciona diretamente "Guy-de--Borgonha", um dos pares de França, cavaleiro da corte de Carlos Magno.[111]

No entanto, como mostram os estudos feitos no final dos anos 1990 acerca dos cadernos de leitura de Guimarães Rosa, os romances de cavalaria não são a única fonte para a elaboração do enredo épico de *Grande sertão: veredas*. No ensaio "Homero no *Grande sertão*", Ana Luiza Martins Costa resgata o tema, recorrente na fortuna crítica, dialogando com os estudos clássicos sobre o elemento épico, e defende a seguinte tese:

> Evidentemente, como demonstraram os trabalhos de Cavalcanti Proença e de Antonio Candido, há muitos elementos dos romances de cavalaria no livro. Mas a partir do caderno de estudos da *Ilíada* e da *Odisseia* — até hoje desconhecido da crítica —, podemos dizer que certos ingredientes do livro que foram atribuídos à épica medieval, a rigor, provêm da épica homérica.[112]

Ela explica que os registros sobre Homero, em caderno dedicado a estudos de literatura, partiram de uma leitura feita em Paris, em 1950, depois de uma viagem à Itália, conforme conta o autor em carta daquele ano: "O contato sentimental com a velha Grécia de Minerva e Posêidon abriu-me tão dilatado apetite, que, mal cheguei aqui, precisei de atacar e reler *Ilíada* e *Odisseia*, mas linha a linha, anotando, e, principalmente, amando aqueles longos espaços encantados...".[113] A maior seção das anotações a respeito de Homero é sobre a *Ilíada*, com duas séries de registros de passagens e de observações. A data permite que Martins Costa situe esse estudo no período inicial de elaboração dos livros *Corpo de baile* e *Grande sertão: veredas*, ambos publicados em 1956.

O *Caderno Homero* fornece pistas que indicam a incorporação de características da épica homérica no romance, como antecipações, indagações às Musas, epítetos e símiles. As antecipações de acontecimentos fazem parte do processo de rememoração do narrador, e as interrupções que freiam a narrativa da história, função tradicional das indagações às Musas, acontecem na forma das perguntas feitas ao interlocutor. Além disso, como ocorre nas obras de Homero, os principais personagens ganham epítetos e são definidos por símiles ligados aos animais ou a elementos naturais de seu ambiente. Por exemplo, segundo levantamento de Martins Costa:

> Sô Candelário, que "espiava as paradas distâncias, feito um gavião querendo partir em voo", e "se ia — feito o rei dos ventos"; Zé Bebelo, "sonso, parecia um gato", "homem de muita raposice", "garnisé", "que que pequeno" [...]; o "monstro do Hermógenes", "cão", "danado de tigre", "carangonço", que "fazia frio, feito caramujo de sombra", "ele grosso misturado — dum cavalo e duma jiboia. Ou um cachorro grande".[114]

Levando em conta essas aproximações com Homero, destaco também um detalhe do episódio do julgamento de Zé Bebelo, o fazendeiro líder do bando derrotado pelos jagunços na primeira guerra narrada no romance. Assim como nas assembleias dos antigos poemas homéricos, ou nos tribunais do mundo medieval da cavalaria, os heróis discursam, e o veredito cabe ao rei, posição ocupada por Joca Ramiro, "rei da natureza" que, quando levantava, "puxava as coisas consigo, parecia — as pessoas, o chão, as árvores desencontradas".[115] No discurso que faz em defesa do réu, Riobaldo argumenta que "todo o mundo vai falar, pelo Norte dos Nortes, em Minas e na Bahia toda, constantes anos, até em outras partes... Vão fazer cantigas, relatando as tantas façanhas...".[116] E o chefe jagunço Sô Candelário reage a esse discurso falando na "fama de glória" que seria obtida. Conforme comenta Martins Costa a respeito da passagem, "a questão da fama do herói é um aspecto central do universo épico", e "os poemas homéricos sugerem que a vida só tem sentido se for cantada".[117] Sobre esse assunto, ela cita um registro feito no *Caderno Homero* de trecho da tradução inglesa do Canto VI da *Ilíada*. Menciono aqui a frase na tradução em português de Frederico Lourenço: "Sobre nós fez Zeus abater um destino doloroso, para que no futuro/ sejamos tema de canto para homens ainda por nascer".[118]

Riobaldo comenta também, mais de uma vez, que os feitos heroicos por ele narrados são dignos de constar em livro. Por exemplo, quando conta a seu interlocutor, visitante vindo da cidade, um encontro que teve com outro representante do mundo urbano, ao qual narrara a história de dois jagunços (Davidão e Faustino) que firmaram o trato de um morrer no lugar do outro, Riobaldo diz: "Sabe o que o moço me disse? Que era assunto de valor, para se compor uma estória em livro".[119] Outro evento digno de ser registrado em livro diz respeito à primeira partida do protagonista para uma guerra:

> A tal que, enfim, veio o dia de se sair, guerreiramente, por vales e montes, a gente toda. Ôi, o alarido! Aos quantos gritos, um araral, revoo avante de pássaros — o senhor mesmo nunca viu coisa assim, só em romance descrito. De glória e avio de própria soldadesca, e cavalos que davam até medo de não se achar pasto que chegasse, e o pessoal perto por uns mil.[120]

Sendo um acontecimento tão grandioso que só se viu em romance descrito, a partida do exército comandado por Zé Bebelo representa, na cronologia da história narrada, o marco inicial de toda a série de batalhas que fazem parte da trama épica de *Grande sertão: veredas*.

O DRAMÁTICO

Se Riobaldo, quando considera o que está contando digno de figurar em livro, alude ao elemento épico e ao processo de heroificação dos personagens e eventos narrados, ele também ressalta em algumas ocasiões a tensão dramática de situações que poderiam ser cenas teatrais. O julgamento de Zé Bebelo, por exemplo, segue um modelo épico, mas sua estrutura é dramática, com uma encenação em teatro de arena, com centenas de jagunços formando a plateia e, no centro, como se estivessem num palco, o chefe vitorioso e seus subchefes fazendo a acusação do inimigo derrotado e capturado.

Sem entrar em análise detida do episódio, destaco apenas que a exigência do julgamento vem do próprio Zé Bebelo: "Ou me matam logo, aqui, ou então eu exijo julgamento correto legal!". Não se trata de prática comum do mundo jagunço, como o protagonista deixa claro: "Arte, o julgamento? O que isso tinha de ser, achei logo que ninguém ao certo não sabia".[121] Encena-se, portanto, em pleno sertão, esse julgamento com direito a acusação, defesa e veredito — recurso típico do mundo civilizado. Ele ocorre sob a direção do grande chefe dos jagunços, Joca Ramiro, que aceita a exigência de Zé Bebelo e se empenha em definir o papel de cada um dos participantes.

Em algumas ocasiões, no romance de Guimarães Rosa, o próprio narrador chama atenção para a semelhança de situações narradas com o teatro. É o caso, por exemplo, dos preparativos da partida épica para a guerra, com Zé Bebelo dirigindo a ação: "O pessoal corria, cumpriam; aquilo semelhava um circo, bom teatro". É o caso também da descrição de um encontro com Diadorim, breve momento de entrega do protagonista ao desejo amoroso por seu amigo jagunço: "Meu corpo gostava do corpo dele, na sala do teatro".[122]

Essa metáfora da "sala do teatro" aparece novamente nas considerações do narrador sobre os desencontros da vida da gente, "como um relato sem pés nem cabeça, por falta de sisudez e alegria". Ele diz: "Vida devia de ser como na sala do teatro, cada um inteiro fazendo com forte gosto seu papel, desempenho". Mais adiante, avaliando a ideia de que cada pessoa representa um papel já projetado, "como o que se põe, em teatro, para cada representador", ele considera que se trata da "lei, escondida e vivível mas não achável, do verdadeiro viver".[123]

No campo da crítica, assim como Cavalcanti Proença e Antonio Candido ressaltaram já em 1957 o parentesco da obra com a tradição épica, poucos anos depois Roberto Schwarz destacou a importância do gênero dramático no romance de Guimarães Rosa. No ensaio "Grande sertão: A fala", de 1960, ele considera que a forma da narrativa é a de um "monólogo inserto em situação dialógica", ou um "monólogo em situação dramática, valendo-se de longos excursos de cunho épico".[124] Isso porque o romance todo é estruturado como fala de um único narrador, mas na qual ele dá a entender que conversa com um interlocutor. Levando em conta essa situação dialógica, o tempo presente da narrativa pode ser imaginado como uma cena teatral, situada na fazenda em que o velho sertanejo Riobaldo recebe um visitante instruído, vindo da cidade. O interlocutor não fala, mas suas manifestações são indicadas por reações ou opiniões a ele atribuídas pelo narrador, por exemplo, logo no início, "o senhor ri certas risadas", e em seguida, quando a conversa gira em torno da existência do diabo: "O senhor aprova? Me declare tudo, franco — é alta mercê que me faz: e pedir posso, encarecido. [...] Mas, não diga que o senhor, assisado e instruído, que acredita na pessoa dele?! Não? Lhe agradeço! Sua opinião compõe minha valia".[125]

O "diálogo" entre o narrador e o interlocutor me parece desempenhar pelo menos três funções fundamentais na estrutura do romance: 1) a relação entre duas visões de mundo distintas, a do sertanejo e a de seu visitante vindo da cidade; 2) a apresentação dos eventos narrados como conjunto de rememorações, ao qual o narrador tenta dar sentido; 3) a passagem do relato oral para o escrito.

Em algumas ocasiões, a situação dialógica indica uma possível ação ou intenção do interlocutor, que diz respeito ao tempo presente da narrativa, como quando Riobaldo diz: "Eh, que se vai? Jajá? É que não. Hoje, não. Amanhã, não. Não consinto. O senhor me desculpe, mas em empenho de minha amizade aceite: o senhor fica".[126] E a caracterização desse personagem apenas indicado como um ouvinte é dada por declarações do tipo: "Inveja minha pura é de uns conforme o senhor, com toda leitura e suma doutoração". Ou: "Se vê que o senhor sabe muito, em ideia firme, além de ter carta de doutor".[127] Ou ainda, insistindo no tema: "Ah, eu só queria era ter nascido em cidades, feito o senhor, para poder ser instruído e inteligente!".[128]

O interlocutor caracterizado como visitante oriundo da cidade, homem instruído, representante do mundo letrado e moderno, põe em destaque a relação desse mundo com o universo sertanejo, espaço arcaico, mítico, violento, dotado de cultura tradicional e leis próprias. Na obra de Guimarães Rosa, aliás, são frequentes personagens urbanos que se encontram no sertão e conversam com gente de lá, ou lidam com situações do mundo sertanejo (como ocorre nos contos

O MAR, O RIO E A TEMPESTADE

"Minha gente" e "São Marcos", de *Sagarana*, ou "Famigerado" e "Fatalidade", de *Primeiras estórias*, entre outros). Mas o grande "achado narrativo" de *Grande sertão: veredas* é, como indica Martins Costa, essa "posição insólita" de um narrador sertanejo que se dirige a um "interlocutor silente" vindo da cidade.[129] A situação narrativa, apresentada como processo de rememoração diante de um ouvinte, faz dos acontecimentos narrados uma trama complexa, na qual se revelam impulsos e motivações, associações, sentidos ocultos. Instaurando dois tempos, o da narrativa e o da ação, o "diálogo" põe em cena a busca de sentido por parte do narrador. Os eventos narrados, em conjunto, sob a perspectiva de quem reflete acerca de suas experiências, mostram-se não como fatos, mas como momentos abertos à interpretação. Com isso, de acordo com Dante Moreira Leite, *Grande sertão: veredas* poderia ser avaliado como "a longa (e talvez interminável) sessão psicanalítica de Riobaldo".[130]

O interlocutor-ouvinte no qual se projeta a imagem de um psicanalista talvez gere um sentimento de identificação no leitor do romance, como se este ouvisse o relato de Riobaldo. Nesse sentido, a forma narrativa propõe uma espécie de quebra da quarta parede, reforçando a impressão de se estar diante da transmissão oral das experiências narradas. Mas a caracterização do interlocutor evoca também a imagem do próprio Guimarães Rosa, em suas viagens para registrar a fala e as estórias do sertão. Analisando o "pseudo-narrador anônimo" do romance, o crítico Silviano Santiago comenta que Guimarães Rosa "constitui para seu romance um narrador *pseudo* e *anônimo* porque não lhe cabe — pelo uso do seu nome próprio — a tarefa de apropriar para seu nome os fatos narrados por ele a outro, Riobaldo, a fim de que escreva a narrativa do outro, de caráter altamente pessoal".[131] Reforçando essa imagem, a própria conversão da fala de Riobaldo no relato escrito que o leitor tem em mãos é tema de algumas reflexões metanarrativas: "O senhor escreva no caderno: sete páginas...", diz o narrador a certa altura de suas rememorações. E mais tarde, quando conta a grande batalha final: "o senhor aí escreva: vinte páginas... Nos campos do Tamanduá-tão".[132]

Assim, a partir do travessão inicial, uma vez aberto o espaço da oralidade, a longa fala do narrador sertanejo segue em fluxo ininterrupto, sem divisão de capítulos, para se encerrar mais de quinhentas páginas depois com o signo de infinito que o pseudonarrador anônimo, encarregado de registrar por escrito aquela narrativa oral, decidiu empregar no lugar convencionalmente reservado ao termo "fim".

O LÍRICO

Ao plano temporal de uma situação presente, considerado como elemento dialógico ou cena teatral, combina-se outro plano discursivo, que mostra o narrador moço, vivendo uma série de aprendizados, batalhas e amores. É nesse plano da rememoração que se desenvolve mais propriamente o elemento épico, por ser a história de um herói que, após uma série de peripécias menores e de uma batalha final, obtém finalmente a vitória sobre seu inimigo monstruoso. Schwarz destaca "o modo original e entranhado" como o livro combina esses gêneros, reconhecendo que ele "tem muito de épico, guarda aspectos da situação dramática", mas também que "seu lirismo salta aos olhos".[133]

Afinal, trata-se de uma obra em prosa que faz uso de sutilíssimos recursos poéticos.

O debate sobre o componente lírico de *Grande sertão: veredas* ocupa um lugar privilegiado na fortuna crítica do livro, atrelado às investigações sobre a linguagem muito própria que Guimarães Rosa emprega, na qual o modo de falar sertanejo se articula com invenções linguísticas que recorrem ao português arcaico, à fala regional ou a étimos de outras línguas. Vale lembrar o que o escritor diz em entrevista ao crítico alemão Günter Lorenz:

> Meu lema é: a linguagem e a vida são uma coisa só. Quem não fizer do idioma o espelho de sua personalidade não vive; e como a vida é uma corrente contínua, a linguagem também deve evoluir constantemente. Isto significa que, como escritor, devo me prestar contas de cada palavra e considerar cada palavra o tempo necessário até ela ser novamente vida.[134]

Num ensaio de 1959, o poeta Augusto de Campos mostrou que, no romance de Guimarães Rosa, a linguagem "não é mais um animal doméstico atrelado ao veículo da 'estória', indiferente aos seus conteúdos". Ela se identifica, "isomorficamente, às cargas de conteúdo que carrega, e passa a valer, ao mesmo tempo, como texto e como pretexto, em si mesma, para a invenção estética, assumindo a iniciativa dos procedimentos narrativos".[135] Em outro estudo clássico sobre o tema, de 1968, Oswaldino Marques utilizou o termo "prosoema" para definir a junção de poesia e prosa realizada pelo romancista.[136] Em livro da mesma época, Mary Daniel discutiu de maneira pormenorizada os recursos poéticos (ritmo, assonâncias, aliterações, rimas, inclusão de canções) integrados ao romance.[137]

Apesar de reconhecer a forte presença do elemento lírico, Schwarz propôs uma distinção quanto à importância dos diferentes gêneros na composição do livro. Os aspectos épicos e dramáticos estruturariam sua "arquitetura narrativa", enquanto o uso do gênero lírico diria respeito à "atitude em face da linguagem e da realidade, da relação entre as duas".[138] Mas essa diferenciação foi questionada por Eduardo Coutinho alguns anos depois, num ensaio que retoma e reavalia o debate sobre a incorporação dos gêneros literários. Coutinho defende que o livro pode ser avaliado como "síntese crítica" das formas tradicionais, todas elas fundamentais para a estrutura do romance. O elemento lírico diria respeito não só à maneira de trabalhar a linguagem, mas também ao uso de um narrador em primeira pessoa que descreve sentimentos e impressões ligadas às belezas do mundo sertanejo.[139]

No estudo do elemento lírico de *Grande sertão: veredas*, avalio como um aspecto de grande importância a relação especial do protagonista com a forma de poesia cantada que ele aprende no sertão. O marco inicial dessa relação é a canção que Riobaldo ouve quando jovem, entoada por um jagunço chamado Siruiz, quando o bando de Joca Ramiro passa pela fazenda de Selorico Mendes:

> *Urubú é vila alta,*
> *mais idosa do sertão:*
> *padroeira, minha vida —*
> *vim de lá, volto mais não...*
> *Vim de lá, volto mais não?...*

Corro os dias nesses verdes,
meu boi mocho baetão:
buriti— água azulada,
carnaúba — sal do chão...

Remanso de rio largo,
viola da solidão:
quando vou p'ra dar batalha,
convido meu coração...[140]

De modo misterioso, como observa Luiz Roncari em texto dedicado a esse assunto, a canção de Siruiz desperta o interesse do protagonista porque aquela "toada toda estranha" prediz e resume "a história de sua própria vida, que não tinha sido ainda vivida".[141] O próprio narrador remete à fascinação pelos jagunços, antes de contar sua fuga da fazenda de seu padrinho Selorico Mendes, e constata o quanto lhe agradava recordar "aquela cantiga, estúrdia, que reinou para mim no meio da madrugada". Aquilo molhou sua ideia e o adoçou tanto, que ele deu de inventar seus próprios "versos naquela qualidade". Mas, embora tenha feito muitos e, ao recitá-los, tenha despertado a admiração das pessoas, não se recorda mais deles em sua velhice. É esse ponto que destaca para o interlocutor, já que os versos de próprio punho diziam respeito a seus "verdadeiros assuntos", a suas "saudades e tristezas", mas "não deram cinza", morreram nele. Por outro lado, a canção de Siruiz permaneceu no giro da memória, junto com a madrugada inteira em que ela foi cantada: "os cavaleiros no sombrio amontoados, feito bichos e árvores, o refinfim do orvalho, a estrela-d'alva, os grilinhos do campo, o pisar dos cavalos".[142]

Apesar do que diz sobre seus próprios exercícios poéticos, em algumas ocasiões ao longo da narrativa Riobaldo continua a compor versos próprios, baseados em suas experiências. Por exemplo, depois do pacto, ele entoa uma canção que começa com esta estrofe: "Hei-de às armas, fechei trato/ Nas Veredas com o Cão./ Hei-de amor em seus destinos/ Conforme o sim pelo não". Mas a sensibilidade poética do personagem também é demonstrada nos vários momentos em que menciona alguma canção popular, como ocorre quando vê uma gameleira-branca, no Liso do Sussuarão, e recorda o que se cantava: "Sombra, só de gameleira,/ na beira do riachão...". Ou, já perto da batalha final do Tamanduá-tão, quando recorda esta conhecida cantiga popular, ao comandar os homens para guerra: "Olerê, baiana.../ eu ia e não vou mais:/ eu faço/ que vou/ lá dentro, oh baiana!/ e volto do meio pra trás...". Depois de contar que entoou essa cantiga alegre para seus homens, o narrador comenta que "aquela outra", de Siruiz, só ele mesmo em seu silêncio cantava.[143]

Entre as ocasiões em que Riobaldo recorda a canção de Siruiz, destaco uma, que ocorre quando ele está no acampamento dos jagunços, à espera da chegada do grande chefe Joca Ramiro e da partida para a batalha contra os homens de Zé Bebelo. Riobaldo pede a um conhecido que cante os versos de Siruiz e comenta: "Minha mãe, ela era que podia ter cantado para mim aquilo". Mas se dá conta de que os outros não sentiam a mesma coisa, não viam a mesma beleza na canção: "Nem Diadorim mesmo — 'Você tem saudade de seu tempo de menino, Riobaldo?' — ele me perguntou, quando eu estava explicando o que era o meu sentir".[144]

Comparando a análise daquele primeiro momento em que o protagonista do romance ouve a canção, ainda jovem, com os outros em que, muito mais tarde, já como jagunço, a recorda, nota-se, segundo Roncari, que ela "é um espelho, um brasão, um resumo que só ganha sentido à medida que a vida do herói a reproduz".[145] Há, portanto, uma força específica daquela canção que a faz ecoar na memória e a torna, retrospectivamente, uma espécie de predição. De certo modo, essa força se associa com a da própria memória, como se a canção fosse a transmissão de um recado a ser decifrado, acompanhando poeticamente e ecoando a rememoração. Por isso, a experiência poética que gira em torno da canção de Siruiz me parece um elemento fundamental na caracterização de Riobaldo como narrador. Trata-se de um sertanejo letrado, dotado de sensibilidade poética, cuja fala é convertida na narrativa carregada de aspectos líricos que o leitor tem diante de si.

ENREDAMENTO

Nos diversos desdobramentos da fortuna crítica de *Grande sertão: veredas*, a tese inicial de Cavalcanti Proença que indicava a preponderância do elemento épico foi questionada também por críticos interessados em pensar o livro a partir da moderna teoria do romance. A referência é a distinção entre os gêneros estabelecida por Lukács: "o romance é a epopeia de uma era para a qual a totalidade extensiva da vida não é mais dada de modo evidente, para a qual a imanência do sentido à vida tornou-se problemática".[146] Com base nesse enquadramento teórico, Riobaldo se mostra como um personagem característico do romance moderno, herói em busca de um sentido para sua existência, diante das contradições e da ambiguidade de um mundo problemático.

O protagonista do livro de Guimarães Rosa tenta compreender seu passado rememorando errâncias, conflitos e amores que se estendem desde a sua mocidade, com as primeiras experiências marcantes e os primeiros aprendizados, até o momento em que ele, concluídas as etapas de sua vida de jagunço e amante, finalmente chega à situação na qual se dará a visita de seu interlocutor e, com isso, o início da narrativa. Por isso, *Grande sertão: veredas* talvez possa ser lido como um *romance de formação*, filiado a obras como *Os anos de aprendizado de Wilhelm Meister*, de Goethe, e *A educação sentimental*, de Flaubert.

Benedito Nunes define o livro como um "romance polimórfico", no qual a complexa composição poética, que usa modelos orais em registro escrito, incorpora uma série de "formas simples" tradicionais, como a lenda, o caso, o enigma, a sentença (ditado) e o mito.[147] Quanto a esta última forma, levando em conta especificamente o pacto com o diabo, Guimarães Rosa traz para o romance um mito tradicional que "pode ser filiado, dentro da cadeia mitológica mais ampla a que pertence — relativa à origem e à natureza do Mal —, ao mito adâmico da *queda*, que concede especial papel a um Tentador, espírito luminoso, superior, decaído das esferas celestiais".[148] As referências para a apropriação desse mito, ao qual sempre remetem as especulações religiosas do protagonista, vão do Livro de Jó, da Bíblia, às várias versões populares e eruditas em torno de Fausto. Mas, como observa Nunes, aqui se excede a simples incorporação de uma forma tradicional, pois esse mito circunscreve e sobredetermina o traçado épico que é a narração da jornada do protagonista, enfrentando uma série de perigos até realizar sua missão.

No ensaio "O mundo misturado: Romance e experiência em Guimarães Rosa", Davi Arrigucci Jr. mostra que o "princípio da mistura", identificado no nível da representação e no nível do enredo de *Grande sertão: veredas*, também pode ser verificado na forma literária do romance. Segundo ele, trata-se de uma "forma mesclada" do romance de formação com elementos extraídos de formas narrativas mais antigas, que remetem à tradição oral e à épica antiga.[149] Essa mistura no plano da estrutura formal corresponderia à mistura que se revela no plano da representação (o sertão como "mundo misturado") e no enredo (mesclas, inconstâncias e reversibilidades identificadas nas ações ou no caráter dos personagens, especialmente no próprio narrador).

Quanto a essa mistura das formas tradicionais no livro, Arrigucci Jr. argumenta que "a tradição oral, fonte da epopeia, nada tem a ver com o modo de ser próprio do romance", pois este é uma "forma em ascensão a partir do início da era moderna que, pela primeira vez, entre as diferentes espécies de narrativa, como observou ainda Walter Benjamin, não provém da tradição oral nem a alimenta". O crítico comenta então, avaliando o romance a partir dessa distinção benjaminiana:

> No entanto, aqui é como se assistíssemos ao ressurgimento do romance de dentro da tradição épica ou de uma nebulosa poética primeira, indistinta matriz original da poesia, rumo à individuação da forma do romance de aprendizagem ou formação, com sua específica busca do sentido da experiência individual, própria da sociedade burguesa.[150]

A referência para esse comentário é a distinção entre romance e narrativa oral proposta por Benjamin em "O narrador", ensaio de 1936 em que a forma de narrar tradicional é definida em contraposição à forma de comunicação característica do mundo contemporâneo, que é a informação jornalística. Na tradição oral, não havia pura e simplesmente a pretensão de transmitir um acontecimento, e sim a de integrar tal acontecimento à vida do narrador, para passá-lo aos ouvintes como experiência. "O narrador é um homem que sabe dar conselhos", diz Benjamin, e "o primeiro indício da evolução que vai culminar na morte da narrativa é o surgimento do romance no início do período moderno."[151] O ensaio ressalta as diferenças entre as antigas narrativas que foram a fonte da poesia homérica e o romance, cuja leitura não se liga mais à oralidade. Ao contrário da recitação e da audição das histórias narradas ou cantadas em voz alta, a leitura é um ato solitário e silencioso, isolado de tudo aquilo que cerca o leitor. Esse isolamento estaria em consonância com a matriz original do romance, que é "o indivíduo em sua solidão, o homem que não pode mais falar exemplarmente de suas preocupações, a quem ninguém pode dar conselhos, e que não sabe dar conselhos a ninguém".[152]

A narrativa oral não visava a uma conclusão, mas entrelaçava as histórias infinitamente, mantendo-as de algum modo em aberto, seja por desdobrar os acontecimentos narrados, seja por meio da própria experiência e memória do narrador. Os heróis épicos são exemplares por agirem de acordo com as regras ou os ensinamentos da sua tradição, procurando alcançar a glória que torna seus feitos memoráveis. Nos romances, ao contrário, descreve-se em livro, com número limitado de páginas, uma série de acontecimentos vividos por um indivíduo que não pode mais se apoiar na tradição e na experiência coletiva, por isso busca um sentido para as vivências favoráveis e desfavoráveis de sua existência. Esse herói desorientado e solitário é um reflexo do leitor: o homem moderno, cuja existência e modo de pensar não se baseiam em modelos tradicionais, nem na transmissão de uma sabedoria arcaica. Só o fim do romance conclui a tarefa do romancista e preenche a expectativa do leitor, mostrando o sentido daquela existência descrita. Nesse caso, o romance perde o sentido de um modelo a ser seguido, já que não procura transmitir uma sabedoria ou uma experiência exemplar, e ressalta o caráter ilusório e falível da existência individual.

Benjamin discute — a partir das obras de alguns narradores do final do século XIX e do início do século XX, como Nikolai Leskov (referência do ensaio "O narrador") e Marcel Proust — maneiras de repensar a transmissão da experiência nos limites do gênero romance. Ao abordar a literatura de Guimarães Rosa a partir do ensaio "O narrador", Susana Kampff Lages comenta: "A modernidade do texto rosiano está justamente na particular construção de um discurso oral que no entanto é literatura, texto escrito". Riobaldo seria um narrador "daquela espécie que Walter Benjamin nostalgicamente vê desaparecida no mundo moderno, aquele capaz de construir um saber a partir da experiência".[153]

O narrador de *Grande sertão: veredas* me parece condensar, nos dois tempos em que o romance se divide — o tempo presente da narrativa e o tempo passado da rememoração —, dois tipos fundamentais que segundo Benjamin se "interpenetram de múltiplas maneiras" na tradição oral: o marinheiro viajante e o camponês sedentário.[154] Como ex-jagunço que relata suas próprias aventuras, Riobaldo compartilha experiências aprendidas; como fazendeiro assentado em suas terras, ele se mostra um depositário dos casos e das tradições do local onde permanece, casos de que extrai lições para avaliar a exemplaridade de seu passado.

Quando o narrador diz "O senhor escreva no caderno: sete páginas" ou "vinte páginas", indica que o registro de sua fala cabe ao representante do saber letrado e urbano, identificado com a forma do romance. Nesse sentido, narrador e interlocutor podem ser pensados como uma duplicação da figura do autor, que escreve o romance-narrativa *Grande sertão: veredas*, no qual a trama, rede de casos contados como referências exemplares de aprendizados, mistura-se à rememoração de uma vida individual em busca de seu sentido. Trata-se da luta do homem "contra o poder do tempo", conforme a definição da *Teoria do romance* de Lukács citada por Benjamin em "O narrador".[155]

Segundo Kampff Lages, o encontro do narrador com o interlocutor "encena o conflito entre a oralidade e a escrita sob outro viés, através do qual a narrativa oral retorna descontextualizada e recontextualizada, funcionando como espécie de assombração mítica que pontua o romance e lhe faz lembrar suas origens orais".[156] Em *Grande sertão: veredas* são mobilizadas, assim, as palavras de ordem de cada forma de comunicação: "a moral da história", no caso da narrativa, e "o sentido da vida", no caso do romance.

Talvez se possa, então, considerar *Grande sertão: veredas* como um poema, termo com que o próprio escritor designou, pelo menos no primeiro sumário, as novelas que compõem *Corpo de baile*, embora elas sejam também ficções em prosa. Considero que o romance de Guimarães Rosa mistura de modo singular o elemento épico, o lírico e o dramático, em combinação inaudita que recupera o sentido arcaico daquilo que, no começo da tradição ocidental, era chamado de poesia. Naquele tempo, a filosofia ainda não tinha começado a se impor como nova forma de saber, que passou a considerar a ficção e a fabulação de mitos como mentiras, conferindo a si mesma o estatuto de discurso verdadeiro e atribuindo à sua antepassada e adversária, a poesia, a condição de discurso falso. Os poetas eram considerados seres inspirados pelos deuses, enunciadores da verdade, portadores de sabedoria em todos os assuntos humanos. Suas composições, declamadas por rapsodos durante séculos de predomínio da tradição oral, só aos poucos ganharam a forma de textos escritos que podiam ser citados e analisados. Essa passagem do registro oral para o escrito, questão profundamente enraizada nos primórdios da nossa tradição literária, está presente na própria estrutura formal de *Grande sertão: veredas*.

NOTAS

ODISSEIA

1 A tese de que a *Odisseia* é composta de três poemas separados remonta aos trabalhos de filólogos alemães do século XIX, como Adolf Kirchhoff e Ulrich von Wilamowitz--Moellendorff. Cf. Karl Reinhardt, *Tradition und Geist: Gesammelte Essays zur Dichtung*. Göttingen: Vandenhoeck & Ruprecht, 1960.

2 Homero, *Odisseia*, I.11-14. Indicamos o Canto em algarismos romanos, seguido dos versos em algarismos arábicos. As citações referem--se às edições brasileiras com tradução de Frederico Lourenço. Homero, *Odisseia*. São Paulo: Penguin Classics Companhia das Letras, 2011; Homero, *Ilíada*. São Paulo: Penguin Classics Companhia das Letras, 2013.

3 *Odisseia*, I.74-75, I.49-50 e I.59.

4 Marcel Detienne, *Os mestres da verdade na Grécia arcaica. Trad. de Andréa Daher. Rio de Janeiro: Zahar*, 2003, pp. 14 e 44.

5 *Ilíada*, I.1; *Odisseia*, I.1. Para uma análise sobre a relação do poeta com a musa, cf. Jacyntho Brandão, *Antiga Musa*. Belo Horizonte: Editora da UFMG, 2005.

6 *Ilíada*, II.484-92.

7 Martin Heidegger, "Da essência da verdade". In: _____. *Ser e verdade*. Trad. de Emmanuel Carneiro Leão. Petrópolis: Vozes, 2012, p. 132.

8 Id., "Alétheia". In: _____. *Ensaios e conferências*. Trad. de Emmanuel Carneiro Leão, Márcia Cavalcante Schuback e Gilvan Fogel. Petrópolis: Vozes, 2012, p. 231. A passagem citada é do Canto VIII.

9 M. Detienne, op. cit., p. 23.

10 *Ilíada*, I.69-72.

11 M. Detienne, op. cit., p. 31.

12 Ibid., p. 25.

13 Ibid.

14 Friedrich Nietzsche, *Sobre verdade e mentira*. Trad. de Fernando de Moraes Barros. São Paulo: Hedra, 2007, p. 37.

15 *Odisseia*, I.196-97, I.202--05, I.198-99 e I.232-38.

O MAR, O RIO E A TEMPESTADE

16 Cf. Karl Reinhardt, *Tradition und Geist: Gesammelte Essays zur Dichtung.* Göttingen: Vandenhoeck & Ruprecht, 1960, p. 44. Cf. também, sobre a intervenção inicial da deusa: Irene de Jong, *A Narratological Commentary on the Odyssey.* Cambridge: Cambridge University Press, 2001, pp. 16-28.

17 *Odisseia*, IV.663-72 e V.368-457.

18 Ibid., II.235 e 268; II.382-98.

19 Ibid., I.319-23.

20 Ibid., II.160-66.

21 Antonio Dourado Lopes, "A imagem dos deuses nos poemas homéricos". *Artefilosofia*, Ouro Preto, n. 14, pp. 96-104, jul. 2013.

22 Jean-Pierre Vernant, *L'Individu, la mort, l'amour: Soi-même et l'autre en Grèce ancienne.* 2.a ed. Paris: GF Flammarion, 1999, pp. 32-33.

23 Jenny Strauss Clay, *The Wrath of Athena: Gods and Men in the Odyssey.* London: Rowman & Littlefield, 1997, p. 188. Cf. Walter Morris Hart, *High Comedy in the Odyssey.* Berkeley: University of California Press, 1943.

24 *Odisseia*, XIII.288-89 e 299--301, XIII.293-99.

25 A respeito das mentiras e das histórias falsas contadas por Ulisses, cf. J. Brandão, "As musas ensinam a mentir" e "Ficções odisseias". In: ____. *Antiga Musa*, op. cit., pp. 75-90 e pp. 145-66.

26 *Odisseia*, XIII.312-13.

27 J. S. Clay, op. cit., p. 198.

28 Ovídio, *As metamorfoses.* Trad. de Paulo Farmhouse Alberto. 2.ª ed. Lisboa: Cotovia, 2010, I.1.

29 Ibid., XI.238-65.

30 Ibid., VIII.728-37.

31 Erich Auerbach, *Mimesis: A representação da realidade na literatura ocidental.* Trad. de George Bernard Sperber e equipe da Perspectiva. São Paulo: Perspectiva, 1976, p. 3.

32 Sobre esse episódio, cf. Teodoro Rennó Assunção, "Luto e banquete no Canto IV da Odisseia (97-226)". *Letras Clássicas*, São Paulo, n. 14, pp. 34-50, 2010; Bernard Fenik, "The Nameless Stranger". In: ____. *Studies in the Odyssey* (Hermes – Einzelschriften, Heft 30). Wiesbaden: Franz Steiner, 1974, pp. 5-60.

33 *Odisseia*, IV.271-89.

34 Irene de Jong, *A Narratological Commentary on the Odyssey.* Cambridge: Cambridge University Press, 2001, p. 90.

35 *Odisseia*, VIII.500-86.

36 I. de Jong, op. cit., p. 106.

37 *Odisseia*, IV.386-87.

38 Ibid., X.488-540 e XI. 90-137.

39 Ibid., IV.417-18.

40 Ibid., IV.397.

41 Ibid., IV.456-58.

42 Ibid., IV.379-80.

43 Ibid., IV.401 e 418-19, IV.397, IV.455-58, IV.468-70, IV.512-37.

44 Ibid., XI. 444-51.

45 Ibid., IV.555-59.

46 Charles Segal, "Divine Justice in the Odyssey: Poseidon, Cyclops, and Helios". *The American Journal of Philology*, The Johns Hopkins University Press, v. 113, n. 4, p. 512, inverno 1992.

47 *Odisseia*, XXIII.233-39.

48 Theodor Adorno, "Sobre a ingenuidade épica". In: ____. *Notas de literatura I.* Trad. de Jorge de Almeida. São Paulo: Editora 34, 2003, p. 47.

49 Ibid., p. 48.

50 T. Adorno e Max Horkheimer, *Dialética do esclarecimento.* Trad. de Guido de Almeida. Rio de Janeiro: Zahar, 1985, p. 53.

51 Ibid., p. 54.

52 Ibid., p. 44.

53 T. Adorno, op. cit., p. 48.

PEDRO SÜSSEKIND

54 Cf. a esse respeito Hermann Fränkel, "Die Zeitauffassung in der frühgriechischen Literatur". In: _____. *Wege und Formen frühgriechischen Denkens*. Org. de Franz Tietze. Munique: Beck, 1960.

AS SEREIAS E O NARRADOR

55 Homero, *Odisseia*, VIII.521-22, VIII.572-76. Indicamos o Canto em algarismos romanos, seguido dos versos em algarismos arábicos. As citações referem-se às edições brasileiras com tradução de Frederico Lourenço. Cf. Homero, *Odisseia*. São Paulo: Penguin Classics Companhia das Letras, 2011; Homero, *Ilíada*. São Paulo: Penguin Classics Companhia das Letras, 2013.

56 Ibid., XII.39-54, XII.156-64, XII.165-200.

57 Irene de Jong, *A Narratological Commentary on the Odyssey*. Cambridge: Cambridge University Press, 2001, p. 298. Cf. *Odisseia*, IX.82-104.

58 Ibid., XII.46.

59 I. de Jong, op. cit., p. 298.

60 Cf. *Odisseia*, XII.154-57, XII.47-50, XII.160-64, XII.184-91

61 Ibid., VIII.477 e 487-88 e 494-95.

62 Ibid., IX.5-7.

63 Jacyntho Brandão, *Antiga Musa*. Belo Horizonte: Editora da UFMG, 2005, p. 107.

64 *Odisseia*, XI. 368-69.

65 Cf. Ibid., XII.189-90, XII.192-96.

66 J. Brandão, op. cit., p. 81.

67 Ibid., p. 83.

68 Alfred Heubeck, *A Commentary on Homer's Odyssey . v. II. Books IX-XVI*. Oxford: Oxford University Press, 1989, p. 118. s

69 Ibid., p. 119.

70 Ibid.

71 Cf. sobre os lotófagos: *Odisseia*, IX.82-104; sobre o Ciclope: Ibid., IX.105-535; e sobre os Lestrigões: Ibid., X.87-134.

72 Platão, *Fedro*. Trad. de José Cavalcante de Souza. São Paulo: Editora 34, 2016, 259a e 259b, p. 119.

73 Id., *A República*. Trad. de Maria Helena da Rocha Pereira. Lisboa: Calouste Gulbenkian, 1996, 599a-600b e 607a, pp. 458-61 e p. 475.

74 Michel Foucault, "O pensamento do exterior". In: _____. *Ditos e escritos, v. III. Estética: Literatura e pintura, música e cinema* Trad. de Inês Autran Dourado Barbosa. Rio de Janeiro: Forense Universitária, 2009, p. 234.

75 Cf. Maurice Blanchot, "O canto das sereias". In: _____. *O livro por vir*; Tzvetan Todorov, "A narrativa primitiva". In: _____. *Poética da prosa*. Trad. de Claudia Berliner. São Paulo: Martins Fontes, 2003.

76 Theodor Adorno e Max Horkheimer, *Dialética do esclarecimento*. Trad. de Guido de Almeida. Rio de Janeiro: Zahar, 1985, pp. 43 e 27.

77 Ibid., p. 19.

78 Jeanne Marie Gagnebin, "Do conceito de razão em Adorno". In: _____. *Sete aulas sobre linguagem, memória e história*. Rio de Janeiro: Imago, 2005, p. 107.

79 Ibid., p. 19.

80 Ibid., p. 55.

81 Ibid., p. 43.

82 Id., "Homero e a *Dialética do esclarecimento*". In: _____. *Lembrar escrever esquecer*. São Paulo: Editora 34, 2009, p. 30.

83 Id., "Resistir às sereias". *Revista Cult*, São Paulo, ano VI, n. 72, pp. 53-54, 2003.
84 T. Adorno e M. Horkheimer, op. cit., p. 44.
85 Ibid., p. 45.
86 Ibid., p. 44.
87 Ibid.
88 Ibid., p. 44.
89 Ibid.
90 Ibid., p. 53.
91 J. M. Gagnebin, "Homero e a *Dialética do esclarecimento*", pp. 35-37; Albrecht Wellmer, "The Death of the Sirens and the Origin of the Work of Art" New German Critique, n. 81, p. 16, outono 2000.
92 T. Todorov, op. cit., p. 84.
93 Ibid., p. 85.
94 J. Brandão, op. cit., p. 84.
95 J. M. Gagnebin, "Homero e a *Dialética do esclarecimento*", p. 36.
96 Ibid.
97 Lucrécio, *Sobre a natureza das coisas*. Trad. de Rodrigo Tadeu Gonçalves. Belo Horizonte: Autêntica, 2022, p. 93.
98 Cf. Hans Blumenberg, *Naufrágio com espectador*. Trad. de Manuel Loureiro. Lisboa: Vega, 1990, p. 45.
99 *Odisseia*, XII.41-46.
100 A. Wellmer, op. cit., p. 17.
101 T. Adorno, *Teoria estética*. Trad. de Artur Mourão. Lisboa: Edições 70, 2008, p. 369.

REI LEAR

A REDENÇÃO DE LEAR

1 Geoffrey Bullough, *Narrative and Dramatic Sources of Shakespeare*. Londres; Nova York: Routledge; Columbia University Press, 1966, v. VII, pp. 403-14. O romance pastoral de Philip Sidney se chama *A Arcádia da condessa de Pembroke*.
2 Ibid., p. 319.
3 William Shakespeare, *Rei Lear*, IV.III.12-15 e IV.III.17-23. Indicamos o ato e a cena em algarismos romanos, seguidos dos versos da edição citada. As citações referem-se à edição brasileira com tradução de Lawrence Flores Pereira. Cf. William Shakespeare, *Rei Lear*. São Paulo: Penguin Classics Companhia das Letras, 2020.
4 Ibid., V.II.6.
5 V.III.241-43.
6 V.III.257-58.
7 V.III.346.
8 Cf. Friedrich Schiller, "Sobre o sublime". In: _____. *Do sublime ao trágico*. Trad. de Pedro Süssekind e Vladimir Vieira. Belo Horizonte: Autêntica, 2011; Id., "Sobre a arte trágica" e "Sobre o patético". In: _____. *Objetos trágicos, objetos estéticos*. Trad. de Vladimir Vieira. Belo Horizonte: Autêntica, 2018.
9 Jan Kott, *Shakespeare nosso contemporâneo*. Trad. de Paulo Neves. São Paulo: Cosac Naify, 2003, p. 126.
10 Friedrich Schlegel, trecho das *Preleções sobre arte dramática e literatura* (1809-11) incluído na coletânea *The Romantics on Shakespeare*. Org. de Jonathan Bate. Londres: Penguin, 1992, p. 381. Cf. F. Schlegel, *Seine prosäischen*

Jugendschriften. Org. de Jakob Minor. Viena: Konegan, 1906. 2 v.

11 William Hazlitt, trecho de *Characters of Shakespeare's Plays* [Personagens das peças de Shakespeare] (1817). In: J. Bate (Org.), *The Romantics on Shakespeare*, op. cit., p. 394.

12 Victor Hugo, *William Shakespeare*. In: _____. *Oeuvres complètes: Critique*. Paris: Robert Laffont, 1985, p. 365.

13 Andrew Cecil Bradley, *A tragédia shakespeariana*. Trad. de Alexandre Feitosa Rosa. São Paulo: Martins Fontes, 2009, p. 183.

14 Ibid., p. 183.

15 Ibid., p. 184.

16 Ibid., p. 186.

17 Cf. Barbara Heliodora, *Reflexões shakespearianas*. Rio de Janeiro: Lacerda Editores, 2004, p. 340.

18 Cf. Marlene Soares dos Santos, "Shakespeare: Criador e criatura". *Matraga: Revista do Programa de Pós-Graduação em Letras da UERJ, Rio de Janeiro*, v. 27, n. 49, pp. 192-93, 2020.

19 Ibid.

20 Samuel Johnson, *Prefácio a Shakespeare*. Trad. de Enid Abreu Dobránszky. São Paulo: Iluminuras, 1996, p. 37.

21 Id. (Org.), *The plays of William Shakespeare : in eight volumes*. Vol. VI. London: Printed for J. and R. Tonson et al., 1765, p. 159.

22 Ibid.

23 Emma Smith, *This is Shakespeare*. Nova York: Pantheon, 2020, pp. 143-44.

24 A. C. Bradley, op. cit., p. 210.

25 Ibid., p. 209.

26 Ibid., pp. 186-87.

27 Ibid., p. 203.

28 I.II e III.II.48-49.

29 A. C. Bradley, op. cit., p. 204.

30 IV.I.37-40.

31 A. C. Bradley, op. cit., p. 215.

32 Ibid., p. 222.

33 V.III.330-31.

34 V.III.278-80.

35 V.III.281 e 284-86.

36 A. C. Bradley, op. cit., p. 222.

37 Ibid., pp. 215, 216.

38 E. Smith, op. cit., pp. 144.

39 J. Kott, op. cit., p. 125.

40 Ibid., p. 129.

41 Ibid., p. 130.

42 Ibid., p. 140.

43 Ibid., pp. 145 e 148.

44 Jonathan Dollimore, *Radical Tragedy: Religion, Ideology and Power in the Drama of Shakespeare and his Contemporaries*. 3.a ed. Nova York: Palgrave Macmillan, 2004. Cf. E. Smith, op. cit., p. 149.

45 Jonathan Bate, "Shakespeare's Foolosophy", p. 1.

46 Ibid., p. 2.

47 E. Smith, op. cit., p. 150.

48 Ibid., p. 149.

O NADA E A NOSSA CONDIÇÃO

49 William Shakespeare, *Rei Lear*, III. IV.111-13. Indicamos o ato e a cena em algarismos romanos, seguidos dos versos da edição citada. As citações referem-se à edição brasileira com tradução de Lawrence Flores Pereira. Cf. William Shakespeare, *Rei Lear*. São Paulo: Penguin Classics Companhia das Letras, 2020.

50 I.I.47 e 51.

51 I.I.86-90.

52 I.I.93 e 100-04.

53 I.I.110-20.

54 I.I.198-99.

55 I.I.230-35.
56 I.I.107-09.
57 I.I.249-56.
58 I.I.244 e 248.
59 I.I.137.
60 I.I.139-40.
61 I.I.49 e 133-36.
62 I.III.1-2.
63 Jonathan Bate, "Shakespeare's Foolosophy". *Shakespeare in Southern Africa*, [Grahamstown], v. 13, p. 1, 2001.
64 Erasmo de Rotterdam, *Elogio da loucura*. Trad. de Elaine Sartorelli. São Paulo: Hedra, 2013, p. 91.
65 "The fool doth think he is wise, but the wise man knows himself to be a fool." *As You Like It*, V.I.29-30. In: W. Shakespeare, *The RSC Shakespeare: Complete Works*. Londres: Macmillan, 2007.
66 J. Bate, op. cit., p. 1.
67 I.IV.105-10.
68 I.IV.129-32.
69 I.IV.133-34.
70 I.IV.237-45.
71 I.V.12-15.
72 II.IV.202 e 260.
73 II.IV.263-65.
74 I.IV.188-91. A última frase do trecho citado é "Sou um bobo, e tu o zero do nada". Modifiquei a frase adotando a solução mais direta da tradução de Rodrigo Lacerda: "tu não és nada" [*thou art nothing*]. O trecho completo citado é: "Thou wast a pretty fellow when thou hadst no need to care for her frowning. Now thou art an o without a figure. I am better than thou art now: I am a fool, thou art nothing".
75 W. Shakespeare, *Rei Lear*. Trad.

de Rodrigo Lacerda. São Paulo: Editora 34, 2022, p. 89.
76 Robert Kaplan, *The Nothing That Is: A Natural History of Zero*. Oxford: Oxford University Press, 2000, p. 1. [Ed. bras.: *O nada que existe: Uma história natural do zero*. Trad. de Laura Neves. Rio de Janeiro: Rocco, 2001.]
77 Ibid., p. 203.
78 Cf. Ibid.
79 Lucrécio, *Sobre a natureza das coisas*. Trad. de Rodrigo Tadeu Gonçalves. Belo Horizonte: Autêntica, 2022, I, p. 35.
80 Cf. Rodrigo Lacerda, "Sobre moscas e meninos travessos". *Rei Lear*, 2022, p. 413.
81 III.I.5-11.
82 IV.VI.113 e 139-41.
83 I.IV.132.
84 I.IV.118-23.
85 I.IV.129-31.
86 I.IV.134-35.
87 III.II.12-13.
88 III.II.18-20.
89 III.IV.28-36.
90 III.IV.107 e 111-13.
91 III.IV.45 e 49-50, III.IV.45 e 48, 70-71 e 114.
92 III.IV.79-80.
93 III.IV.135-38.
94 III.IV.161.
95 Sobre o uso do termo "filósofo", cf. J. Bate, op. cit., p. 3.
96 Cf. *King Leir*. In: Geoffrey Bullough, *Narrative and Dramatic Sources of Shakespeare*. Londres; Nova York: Routledge; Columbia University Press, 1966, pp. 401, 402.
97 IV.VI.113 e 139-41.
98 Cf. IV.IV.
99 V.III.325 e 327-28.

GRANDE SERTÃO: VEREDAS

ESPECULAÇÃO DE IDEIAS: A FILOSOFIA DO *GRANDE SERTÃO*

1 João Guimarães Rosa, *Grande sertão: veredas*. 22.ª ed. São Paulo: Companhia das Letras, 2019, p. 15. Doravante usaremos a abreviação GSV para todas as citações, retiradas dessa edição do romance.

2 Ibid., p. 18.

3 Ibid.

4 A entrevista está disponível no YouTube, em: <www.youtube.com/watch?v=ndsNFE6SP68>. Acesso em: ago. 2024.

5 Manuel Cavalcanti Proença, "Trilhas no Grande Sertão". In: _____. *Augusto dos Anjos e outros ensaios*. Rio de Janeiro: José Olympio, 1959, p. 160. O ensaio foi publicado originalmente com o título "Alguns aspectos formais de *Grande sertão: veredas*" na *Revista do Livro*, n. 5, pp. 37-54, mar. 1957.

6 Antonio Candido, "O homem dos avessos". In: _____. *Tese e antítese*, pp. 112 e 119. O ensaio foi publicado pela primeira vez com o título "O sertão e o mundo" na revista de cultura *Diálogo*, em número especial de 1957 sobre Guimarães Rosa.

7 J. G. Rosa, *Correspondência com seu tradutor italiano Edoardo Bizzarri*. São Paulo: Instituto Cultural Ítalo-Brasileiro, 2003, p. 90.

8 GSV, p. 19.

9 Ana Luiza Martins Costa, "Via e viagens: A elaboração de *Corpo de baile* e de *Grande sertão: veredas*". *Cadernos de Literatura Brasileira*, n. 20-21, pp. 199, 200, 2006. A definição se encontra em uma carta a Mário Calábria de 7 dez. 1953.

10 Cf. Günter Lorenz, "Diálogo com Guimarães Rosa". In: J. G. Rosa. *Ficção completa*. Rio de Janeiro: Nova Aguilar, 1995. v. I, p. 30.

11 Cf. A. L. M. Costa, "Veredas de Viator". *Cadernos de Literatura Brasileira*, n. 20-21, pp. 10-12, 2006.

12 Trecho de depoimento a Pedro Bloch citado por Id., "Via e viagens", op. cit., p. 196.

13 A carta, datada de 21 de maio de 1958, é citada por João Adolfo Hansen em "Forma, indeterminação e funcionalidade das imagens de Guimarães Rosa". In: Secchin, Antonio Carlos et al. *Veredas no sertão rosiano*. Rio de Janeiro: 7Letras, 2007, p. 32.

14 GSV, pp. 43, 50, 57 e 110.

15 Ibid., p. 76.

16 J. G. Rosa, *Correspondência com seu tradutor italiano Edoardo Bizzarri*. São Paulo: Instituto Cultural Ítalo-Brasileiro, 2003, p. 90.

17 Ibid., p. 91.

18 G. Lorenz, op. cit., p. 33.

19 Ibid., p. 43.

20 J. G. Rosa, *Correspondência*, op. cit., p. 91.

21 Ibid., p. 33.

22 GSV, p. 162.

23 Eduardo Coutinho, "O logos e o mythos no universo narrativo de *Grande sertão: veredas*". *Scripta*, Belo Horizonte, v. 5, n. 10, p. 115, 1.0 sem. 2002.

24 Ibid., p. 117.

25 GSV, p. 15.

26 Ibid., p. 15.

27 Ibid., pp. 79 e 84.

28 Ibid., p. 105.

29 Ibid., p. 108.

30 Ibid., p. 117.

31 Ibid., p. 117.

32 Augusto de Campos, "Um lance de 'dês' do Grande Sertão". In: _____. *Poesia Antipoesia Antropofagia & Cia*. São Paulo: Companhias das Letras, 2015, p. 67. Ensaio publicado originalmente em 1959.

33 GSV, p. 117.

34 Ibid., pp. 36 e 420.

35 Ibid., p. 117.

36 Platão, *Teeteto e Crátilo*. Trad. de Carlos Alberto Nunes. Belém: UFPA, 1973, p. 119, 383 a.

37 Ludwig Wittgenstein, *Investigações filosóficas*. Trad. de João José R. L. de Almeida. Curitiba: Horle, 2022, p. 20, § 13.7. Livro publicado pela primeira vez em 1953.(Checar a edição correta)

38 William Shakespeare, *Romeu e Julieta*. Trad. de José Francisco Botelho. São Paulo: Penguin Classics Companhia das Letras, 2016, II.II, p. 97.

39 Roland Barthes, *Crítica e verdade*. Trad. de Leyla Perrone-Moisés. São Paulo: Perspectiva, 2007, p. 213.

40 Trecho citado por A. L. M. Costa, "Via e viagens", op. cit., p. 196.

41 G. Lorenz, op. cit., p. 53.

42 R. Barthes, op. cit., p. 213.

43 Platão, op. cit., p. 122, 386d.

44 GSV, p. 35.

45 Ibid., pp. 15 e 296.

46 Ibid., p. 15.

47 Ibid., p. 84.

48 Ibid., p. 16.

49 Ibid., p. 77.

50 Ibid., p. 81.

51 Ibid., p. 33.

52 Ibid., p. 89.

53 Ibid., p. 86.

54 Ibid., p. 94.

55 Ibid., p. 98.

56 Cf. Silviano Santiago, *Genealogia da ferocidade*. Recife: Cepe, 2017, pp. 44-58; Willi Bolle, *grandesertão.br: O romance de formação do Brasil*. São Paulo: Editora 34, 2004, pp. 91-140.

57 GSV, p. 99.

58 Ibid., p. 127.

59 Ibid., pp. 84 e 40.

60 A. de Campos, op. cit., p. 63.

61 Cf. Gilles Deleuze, *Diferença e repetição*. Trad. de Luiz Orlandi e Roberto Machado. Rio de Janeiro: Paz e Terra, 2018; Id. e Félix Guattari, *Mil platôs: Capitalismo e esquizofrenia*. Vários tradutores. São Paulo: Editora 34, 1995-97. 5 v.

62 GSV, p. 24.

63 Ibid., pp. 107, 128 e 134.

64 Ibid., pp. 134, 135 e 137.

65 Ibid., p. 127.

66 Ibid., p. 157.

67 Cf. W. Bolle, op. cit., pp. 91-140.

68 GSV, p. 199.

69 Ibid., p. 63.

70 Ibid., pp. 64, 65 e 68.

71 Ibid., pp. 270-71.

72 Ibid., p. 68.

73 Ibid., p. 242.

74 Ibid., p. 242.

75 Ibid., p. 253.

76 Ibid., p. 266.

77 Ibid., p. 288.

78 Ibid., p. 15.

79 Sobre a elaboração do mito, cf. Benedito Nunes, "Literatura e filosofia: *Grande sertão: veredas*". In: _____. *A Rosa o que é de Rosa: Literatura e filosofia em Guimarães Rosa*. Rio de Janeiro: Difel, 2013 (o texto foi publicado originalmente nos Cadernos da PUC-Rio em 1976); E. Coutinho, "O logos e o mythos", op. cit. Sobre a abordagem mística do episódio, cf. Francis Utéza, "O *opus magnum* oriental--ocidental". *Cadernos de Literatura Brasileira*, v. 12, n. 20-21, pp. 245--61, 2006; W. Bolle, "O pacto no *Grande sertão*: Esoterismo ou lei fundadora?". *Revista USP*, São Paulo, n. 36, pp. 26-45, 1997.

80 Cf. Roberto Schwarz, "Grande Sertão e Dr. Faustus". In: ____. *A sereia e o desconfiado*. Rio de Janeiro: Civilização Brasileira, 1965.

81 GSV, pp. 302-03.

82 Ibid., pp. 303-04.

83 Ibid., pp. 313-14.

84 Ibid., p. 314.

85 Ibid., p. 315.

86 Friedrich Nietzsche, "Sobre o *pathos* da verdade". In: ____. *Cinco prefácios para cinco livros que não foram escritos*. Trad. de Pedro Süssekind. Rio de Janeiro: 7Letras, 2000, p. 29. O texto é um dos escritos não publicados do início da década de 1870.

87 GSV, p. 271.

88 Ibid., p. 303.

89 F. Nietzsche, *Assim falou Zaratustra*. Trad. de Mário da Silva. Rio de Janeiro: Bertrand Brasil, 1989, p. 126.

90 B. Nunes, "Literatura e filosofia: *Grande sertão: veredas*". In: ____. *A Rosa o que é de Rosa*, p. 162.

91 Ibid., p. 167.

92 Ibid., p. 162.

93 GSV, p. 78.

94 Ibid., p. 418.

95 Antonio Candido, "O homem dos avessos". In: ____. *Tese e antítese*. Rio de Janeiro: Ouro sobre Azul, 2006, p. 116.

96 GSV, p. 25.

97 B. Nunes, "Literatura e filosofia", op. cit., p. 162.

98 GSV, pp. 77-78.

99 B. Nunes, "A matéria vertente". In: J. G. Rosa, *Grande sertão: veredas*, op. cit., pp. 463-64.

100 GSV, p. 425.

101 Ibid., p. 428.

102 Ibid., p. 429.

103 Ibid., p. 298.

MISTURA DE FORMAS: A POÉTICA DO *GRANDE SERTÃO*

104 Manuel Cavalcanti Proença, "Trilhas no Grande Sertão". In: ____. *Augusto dos Anjos e outros ensaios*. Rio de Janeiro: José Olympio, 1959, p. 166.

105 Ibid., p. 162.

106 Antonio Candido, "O homem dos avessos". In: ____. *Tese e antítese*. Rio de Janeiro: Ouro sobre Azul, 2006, p. 120.

107 Walnice Galvão, *As formas do falso*. São Paulo: Perspectiva, 1972, p. 52.

108 Ibid., p. 56.

109 Ibid., p. 57.

110 Ibid., p. 59.

111 Ibid., pp. 39 e 382. (Por que repetir essa informação? Não precisa repetir)

112 Ana Luiza Martins Costa, "Homero no *Grande sertão*", *Kléos*, n. 5-6, pp. 92-93, 2001/02. Uma versão mais curta do texto foi publicada em 1998 com o título "Rosa, leitor de Homero", na *Revista da USP*. O *Caderno Homero* faz parte de um documento não publicado que se encontra no Arquivo Guimarães Rosa (IEB/USP).

113 João Guimarães Rosa, Carta a Álvaro Lins. Paris, 16 nov. 1950. Cf. A. L. M. Costa, "Homero no *Grande sertão*", op. cit., p. 79.

114 A. L. M. Costa, "Homero no *Grande sertão*", op. cit., p. 101.

115 J. G. Rosa, *Grande sertão: veredas*. 22.ª ed. São Paulo: Companhia das Letras, 2019, pp. 35 e 204. Doravante usaremos a abreviação GSV para todas as citações, retiradas dessa edição do romance.

116 Ibid., p. 199.

117 Ibid., p. 93.

118 Homero, *Ilíada*, VI.357-58, p. 245.

119 GSV, p. 67.

120 Ibid., p. 100.

121 Ibid., pp. 185 e 186.

122 Ibid., pp. 98 e 135.

123 Ibid., pp. 179 e 348.

124 Roberto Schwarz, "Grande sertão: A fala". In: GSV, p. 441.

125 GSV, p. 15.

126 Ibid., p. 25.

127 Ibid., pp. 18 e 25.

128 Ibid., p. 293.

129 A. L. M. Costa, "Via e viagens: A elaboração de *Corpo de baile* e de *Grande sertão: veredas*". *Cadernos de Literatura Brasileira*, n. 20-21, p. 219, dez. 2006. A autora comenta que esse achado começou a ser elaborado pelo escritor em "Com o vaqueiro Mariano", de 1947-48, e foi usado por ele em "Meu tio o Iauaretê", novela publicada só em 1961, mas cuja redação é anterior à de *Grande sertão: veredas*. Ela remete à hipótese aventada por Walnice Galvão de que a demora em publicar essa novela se deve ao fato de o autor não querer repetir a fórmula que caracteriza seu romance.

130 O artigo, publicado em jornal e depois incluído no livro *O amor romântico e outros temas*, de 1979, é citado por Adélia Bezerra de Meneses em "*Grande sertão: veredas* e a psicanálise". *Scripta*, Belo Horizonte, v. 5, n. 10, p. 21, 1.º sem. 2002.

131 Silviano Santiago, *Genealogia da ferocidade*. Recife: Cepe, 2017, p. 60.

132 GSV, pp. 359 e 391.

133 R. Schwarz, op. cit., p. 441.

134 Günter Lorenz, "Diálogo com Guimarães Rosa". In: J. G. Rosa, *Ficção completa*. Rio de Janeiro: Nova Aguilar, 1995, v. I, p. 47.

135 Augusto de Campos, "Um lance de 'dês' do *Grande sertão*". In: _____. *Poesia Antipoesia Antropofagia & Cia*. São Paulo: Companhias das Letras, 2015, p. 15.

136 Oswaldino Marques, "Canto e plumagem das palavras". In: _____. *Ensaios escolhidos*. Rio de Janeiro: Civilização Brasileira, 1968, p. 82.

137 Mary Daniel, *João Guimarães Rosa: Travessia literária*. Rio de Janeiro: José Olympio, 1968.

138 R. Schwarz, op. cit., p. 442.

139 Eduardo Coutinho, "*Grande sertão: veredas*: Épico, lírico ou dramático?". In: _____. *Em busca da terceira margem*. Salvador: Casa de Jorge Amado, 1993, pp. 73 e 78.

140 GSV, p. 91.

141 Luiz Roncari, "A canção de Siruiz/Ziuris". *Teresa: Revista de Literatura Brasileira*, São Paulo, n. 4-5, pp. 285-86, 2004.

142 GSV, p. 93.

143 Ibid., pp. 333, 365 e 390.

144 Ibid., pp. 178 e 179.

145 L. Roncari, op. cit., p. 286.

146 Georg Lukács, *A teoria do romance*. Trad. de José Mariani de Macedo. São Paulo: Editora 34, 2003, p. 55. Cf., por exemplo, Donaldo Schüler, "O épico em *Grande sertão: veredas*", texto de 1968. In: Guilhermino Cesar et al. *João Guimarães Rosa*. Porto Alegre: Faculdade de Filosofia, Universidade Federal do Rio Grande do Sul, 1969.

147 Benedito Nunes, "Literatura e filosofia: *Grande sertão: veredas*". In: Luiz Costa Lima (Org.). *Teoria da literatura em suas fontes*. Rio de Janeiro: Civilização Brasileira, 2002. v. 1, p. 148.

148 Ibid., p. 153.

149 Davi Arrigucci Jr., "O mundo misturado: Romance e experiência em Guimarães Rosa". In: GSV, p. 487.

150 Ibid., p. 491. Especialmente a partir da década de 1990, muitos estudos sobre Guimarães Rosa passaram a fazer referências a ideias de Walter Benjamin, sob a influência da recepção e da tradução das suas obras no Brasil. Textos de Benedito Nunes, Kathrin Rosenfield, Willi Bolle, Davi Arrigucci Jr., entre outros, foram precursores de diversas teses, artigos e livros que relacionam os dois escritores.

151 Walter Benjamin, "O narrador". In: _____. *Obras escolhidas*. 7.a ed. Trad. de Sergio Paulo Rouanet. São Paulo: Brasiliense, 1994, v. 1, pp. 200 e 201.

152 Id., "A crise do romance". In: _____. *Obras escolhidas*, op. cit., v. 1, p. 54.

153 Susana Kampff Lages, *João Guimarães Rosa e a saudade*. São Paulo: Ateliê Editorial; Fapesp, 2002, p. 80.

154 W. Benjamin, "O narrador", op. cit., p. 199.

155 Ibid., p. 112.

156 S. K. Lages, op. cit., p. 81.

BIBLIOGRAFIA

ODISSEIA

OBRAS DE HOMERO

Homero. *Odisseia*. Trad. de Frederico Lourenço. São Paulo: Penguin Classics Companhia das Letras, 2011.

_____. *Ilíada*. Trad. de Frederico Lourenço. São Paulo: Penguin Classics Companhia das Letras, 2013.

BIBLIOGRAFIA SECUNDÁRIA

Adorno, Theodor; Horkheimer, Max. *Dialética do esclarecimento*. Trad. de Guido de Almeida. Rio de Janeiro: Zahar, 1985.

_____. *Dialetik der Aufklärung*. In: _____. *Gesammelte Schriften*. Frankfurt am Main: Suhrkamp, 2003. v. 3.

Adorno, Theodor. *Ästhetische Theorie*. In: _____. *Gesammelte Schriften*. Frankfurt am Main: Suhrkamp, 1996. v. 7.

_____. "Sobre a ingenuidade épica". In: _____. *Notas de literatura I*. Trad. de Jorge de Almeida. São Paulo: Editora 34, 2003.

_____. *Teoria estética*. Trad. de Artur Mourão. Lisboa: Edições 70, 2008.

Assunção, Teodoro Rennó. "Luto e banquete no Canto IV da *Odisseia* (97-226)". *Letras Clássicas*, n. 14, pp. 34-50, 2010.

Auerbach, Erich. "A cicatriz de Ulisses". In: _____. *Mímesis: A representação da realidade na literatura ocidental*. Trad. de George Bernard Sperber e equipe da Perspectiva. São Paulo: Perspectiva, 1976.

Blanchot, Maurice. "O canto das sereias". In: _____. *O livro por vir*. Trad. de Leyla Perrone-Moisés. São Paulo: Martins Fontes, 2005.

_____. "Le Chant des sirenes". In: _____. *Le Livre à venir*. Paris : Gallimard, 1959.

Blumenberg, Hans. *Naufrágio com espectador*. Trad. de Manuel Loureiro. Lisboa: Vega, 1990.

Brandão, Jacyntho. *Antiga Musa*. Belo Horizonte: Editora da UFMG, 2005.

Burke, Edmund. *Uma investigação filosófica sobre a origem de nossas ideias do sublime e do belo*. Trad. de Enid Abreu Dobránszky. Campinas: Papirus, 1993

Clay, Jenny Strauss. *The Wrath of Athena: Gods and Men in the Odyssey*. London: Rowman & Littlefield, 1997.

Detienne, Marcel. *Os mestres da verdade na Grécia arcaica. Trad. de Andréa Daher. Rio de Janeiro: Zahar, 2003.*

Duarte, Rodrigo. "O sublime estético e a tragédia do mundo administrado". In: _____. *O cômico e o trágico*. Rio de Janeiro: 7Letras, 2008.

Fenik, Bernard. "The Nameless Stranger". In: _____. *Studies in the Odyssey* (Hermes — Einzelschriften, Heft 30). Wiesbaden: Franz Steiner, 1974.

Foucault, Michel. *Ditos e escritos, v. III. Estética: Literatura e pintura, música e cinema*. Trad. de Inês Autran Dourado Barbosa. Rio de Janeiro: Forense Universitária, 2009.

Fränkel, Hermann. "Die Zeitauffassung in der frühgriechischen Literatur". In: _____. *Wege und Formen frühgriechischen Denkens*. Org. de Franz Tietze. Munique: Beck, 1960.

Gagnebin, Jeanne Marie. "Resistir às sereias". *Revista Cult*, São Paulo, ano VI, n. 72, pp. 51-55, 2003.

_____. "Do conceito de razão em Adorno". In: _____. *Sete aulas sobre linguagem, memória e história*. Rio de Janeiro: Imago, 2005.

_____. "Homero e a *Dialética do esclarecimento*". In: _____. *Lembrar escrever esquecer*. São Paulo: Editora 34, 2009.

Hart, Walter Morris. *High Comedy in the Odyssey*. Berkeley: University of California Press, 1943.

Heidegger, Martin. "Alétheia". In: _____. *Ensaios e conferências*. Trad. de Emmanuel Carneiro Leão, Márcia Cavalcante Schuback e Gilvan Fogel. Petrópolis: Vozes, 2012.

_____. "Da essência da verdade". In: _____. *Ser e verdade*. Trad. de Emmanuel Carneiro Leão. Petrópolis: Vozes, 2012.

Heubeck, Alfred. *A Commentary on Homer's Odyssey. v. II. Books IX-XVI*. Oxford: Oxford University Press, 1989.

Jong, Irene de. *A Narratological Commentary on the Odyssey*. Cambridge: Cambridge University Press, 2001.

Kafka, Franz. "O silêncio das sereias". In: _____. *Narrativas do espólio*. Trad. de Modesto Carone. São Paulo: Companhia das Letras, 2002.

Kant, Immanuel. *Crítica da faculdade do juízo*. Trad. de Valério Rohden e António Marques. Rio de Janeiro: Forense, 1993.

Lopes, Antonio Dourado. "A imagem dos deuses nos poemas homéricos". *Artefilosofia*, Ouro Preto, n. 14, pp. 96-104, jul. 2013.

Lord, Albert. *The Singer of Tales*. 2ª ed. Cambridge: Harvard University Press, 2000.

Lucrécio. *Sobre a natureza das coisas*. Trad. de Rodrigo Tadeu Gonçalves. Belo Horizonte: Autêntica, 2022.

Nietzsche, Friedrich. *Sobre verdade e mentira*. Trad. de Fernando de Moraes Barros. São Paulo: Hedra, 2007.

Oliveira, Luiz Inácio. *Do canto e do silêncio das sereias*. São Paulo: Educ, 2008.

Ovídio. *As metamorfoses*. Trad. de Paulo Farmhouse Alberto. 2ª ed. Lisboa: Cotovia, 2010.

Platão. *A República*. Trad. de Maria Helena da Rocha Pereira. Lisboa: Calouste Gulbenkian, 1996.

_____. *Fedro*. Trad. de José Cavalcante de Souza. São Paulo: Editora 34, 2016.

Powell, Barry B. "Narrative Pattern in the Homeric Tale of Menelaus", *Transactions and Proceedings of the*

American Philological Association, The Johns Hopkins University Press, v. 101, pp. 419-31, 1970.

Reinhardt, Karl. *Tradition und Geist: Gesammelte Essays zur Dichtung*. Göttingen: Vandenhoeck & Ruprecht, 1960.

Segal, Charles. "Divine Justice in the Odyssey: Poseidon, Cyclops, and Helios". *The American Journal of Philology*, The Johns Hopkins University Press, v. 113, n. 4, pp. 489-518, inverno 1992.

Stendhal. *Do amor*. Trad. de Roberto Leal Ferreira. São Paulo: Martins Fontes, 1999.

Todorov, Tzvetan. "A narrativa primitiva". In: _____. *Poética da prosa*. Trad. de Claudia Berliner. São Paulo: Martins Fontes, 2003.

Vernant, Jean-Pierre. *L'Individu, la mort, l'amour: Soi-même et l'autre en Grèce ancienne*. 2.ª ed. Paris: GF Flammarion, 1999, pp. 7-39.

Wellmer, Albrecht. "The Death of the Sirens and the Origin of the Work of Art". *New German Critique*, n. 81, pp. 5-20, outono 2000.

REI LEAR

OBRAS DE SHAKESPEARE

Shakespeare, William. *Rei Lear*. Trad. de Barbara Heliodora. Rio de Janeiro: Lacerda, 1998.

_____. *The RSC Shakespeare: Complete Works*. Org. de Jonathan Bate e Eric Rasmussen. Londres: Macmillan, 2007.

_____. *Teatro completo: tragédias*. Trad. de Carlos Alberto Nunes. Rio de Janeiro: Agir, 2008.

_____. *Hamlet*. Trad. de Lawrence Flores Ferreira. São Paulo: Penguin Classics Companhia das Letras, 2015.

_____. *Teatro completo*. Trad. de Barbara Heliodora. São Paulo: Nova Aguilar, 2016. 3 v.

_____. *Rei Lear*. Trad. de Lawrence Flores Pereira. São Paulo: Penguin Classics Companhia das Letras, 2020.

_____. *Rei Lear*. Trad. de Rodrigo Lacerda. São Paulo: Editora 34, 2022.

BIBLIOGRAFIA SECUNDÁRIA

Adelman, Janet. *Suffocating Mothers: Fantasies of Maternal Origin in Shakespeare's Plays, Hamlet to the Tempest*. Nova York: Routledge, 1992.

Bate, Jonathan. "Shakespeare's Foolosophy". *Shakespeare in Southern Africa*, [Grahamstown], v. 13, 2001.

_____ (Org.). *The Romantics on Shakespeare*. Londres: Penguin, 1992.

Bradley, Andrew Cecil. *A tragédia shakespeariana*. Trad. de Alexandre Feitosa Rosa. São Paulo: Martins Fontes, 2009.

Bullough, Geoffrey. *Narrative and Dramatic Sources of Shakespeare*. Londres; Nova York: Routledge; Columbia University Press, 1966.

Calderwood, James L. "Creative Uncreation in *King Lear*". *Shakespeare Quarterly*, Oxford, v. 37, n. 1, pp. 5-19, primavera 1986.

Craig, Leon H. *Of Philosophers and Kings: Political Philosophy in Shakespeare's Macbeth and King Lear*. Toronto: University of Toronto Press, 2001.

Dobson, Michael. *The Oxford Companion to Shakespeare*. Oxford: Oxford University Press, 2005.

Dollimore, Jonathan. *Radical Tragedy. Religion, Ideology and Power in the Drama of Shakespeare and his Contemporaries*. 3.ª ed. Nova York: Palgrave Macmillan, 2004.

Foakes, R. A. *Hamlet versus Lear: Cultural Politics and Shakespeare's Art*. Cambridge: Cambridge University Press, 1993.

Foucault, Michel. *História da loucura*. Trad. de José Teixeira Coelho Netto. São Paulo: Perspectiva, 1978.

Grady, Hugh. *Shakespeare, Machiavelli, and Montaigne*. Londres: Oxford University Press, 2002.

Heidegger, Martin. *Introdução à metafísica*. Trad. de Emmanuel Carneiro Leão. Rio de Janeiro: Tempo Brasileiro, 1987.

Heliodora, Barbara. *Reflexões shakespearianas*. Rio de Janeiro: Lacerda Editores, 2004.

Hugo, Victor. *William Shakespeare*. In: _____. *Oeuvres complètes: Critique*. Paris: Robert Laffont, 1985. [Ed. bras.: *William Shakespeare*. Trad. de Renata Cordeiro e Paulo Schmidt. Londrina: Campanário, 2000.]

Johnson, Samuel. *Prefácio a Shakespeare*. Trad. de Enid Abreu Dobránszky. São Paulo: Iluminuras, 1996.

_____ (Org.). *The plays of William Shakespeare: in eight volumes*. London: Printed for J. and R. Tonson et al., 1765

Kaplan, Robert. *The Nothing That Is: A Natural History of Zero*. Oxford: Oxford University Press, 1999. [Ed. bras.: *O nada que existe: Uma história natural do zero*. Trad. de Laura Neves. Rio de Janeiro: Rocco, 2001.]

Kott, Jan. *Shakespeare nosso contemporâneo*. Trad. de Paulo Neves. São Paulo: Cosac Naify, 2003.

Lacerda, Rodrigo. "Sobre moscas e meninos travessos". In: Shakespeare, William. *Rei Lear*. Trad. de Rodrigo Lacerda. São Paulo: Editora 34, 2022.

Leão, Liana de Camargo; Medeiros, Fernanda (Org.). *O que você precisa saber sobre Shakespeare antes que o mundo acabe*. Rio de Janeiro: Nova Fronteira, 2021.

Leão, Liana de Camargo; Santos, Marlene Soares (Org.). *Shakespeare: Sua época e sua obra*. Curitiba: Beatrice, 2008.

Lucrécio. *Sobre a natureza das coisas*. Trad. de Rodrigo Tadeu Gonçalves. Belo Horizonte: Autêntica, 2022.

Nuttall, Anthony D. *Shakespeare, the Thinker*. New Haven: Yale University Press, 2007.

Rotterdam, Erasmo de. *Elogio da loucura*. Trad. de Elaine Sartorelli. São Paulo: Hedra, 2013.

Santos, Marlene Soares dos. "Tragédia grega e tragédia shakespeariana: Grandes momentos". In: Velloso, João Paulo dos Reis (Org.). *"Teatro mágico da cultura" e Favela é cidade*. Rio de Janeiro: Instituto Nacional de Altos Estudos (Inae), 2015.

_____. "Shakespeare: Criador e criatura". *Matraga: Revista do Programa de Pós-Graduação em*

Letras da UERJ, Rio de Janeiro, v. 27, n. 49, pp. 189-209, 2020.

Sartre, Jean-Paul. *O ser e o nada*. Trad. de Paulo Perdigão. Petrópolis: Vozes, 2011.

Schiller, Friedrich. *Do sublime ao trágico*. Trad. de Pedro Süssekind e Vladimir Vieira. Belo Horizonte: Autêntica, 2011.

_____. *Objetos trágicos, objetos estéticos*. Trad. de Vladimir Vieira. Belo Horizonte: Autêntica, 2018.

Schlegel, August Wilhelm. *August Wilhelm von Schlegels sämmtliche Werke*. Org. de Eduard Böcking. Leipzig: Weidmann'sche Buchhandlung, 1846. v. 6.

_____. *Seine prosäischen Jugendschriften*. Org. de Jakob Minor. Viena: Konegan, 1906. 2 v.

_____. *Fragmentos sobre poesia e literatura*. Trad. de Constantino Luz de Medeiros e Márcio Suzuki. São Paulo: Editora Unesp, 2016.

_____. *Vorlesungen über dramatische Kunst und Literatur* [1809-1811]. Org. e comentários de Stefan Knödler. Parte I. Paderborn: Ferdinand Schöningh, 2018.

Shapiro, James. *The Year of Lear: Shakespeare in 1606*. Nova York: Simon & Schuster, 2015.

Smith, Emma; Palfrey, Simon. *Shakespeare's Dead*. Oxford, UK: Bodleian Library; University of Oxford, 2016.

Smith, Emma. *This is Shakespeare*. Nova York: Pantheon, 2020.

_____ (Org.). *Guia Cambridge de Shakespeare*. Trad. de Petrucia Finckler. Porto Alegre: L&PM, 2014.

Steiner, George. *A morte da tragédia*. Trad. de Isa Kopelman. São Paulo: Perspectiva, 2006.

Stroup, Thomas. "Cordelia and the Fool". *Shakespeare Quarterly*, Oxford, v. 12, 2.ª ed., pp. 127-32, primavera 1961.

Süssekind, Pedro. *Shakespeare, o gênio original*. Rio de Janeiro: Zahar, 2008.

_____. *Hamlet e a filosofia*. Rio de Janeiro: 7Letras, 2021.

Szondi, Peter. *Ensaio sobre o trágico*. Trad. de Pedro Süssekind. Rio de Janeiro: Zahar, 2004.

Wittgenstein, Ludwig. *Tractatus Logico-Philosophicus*. Trad. de Luiz Henrique Lopes dos Santos. São Paulo: Edusp, 2001.

GRANDE SERTÃO: VEREDAS

OBRAS DE GUIMARÃES ROSA

Rosa, João Guimarães. *Rosiana: Uma coletânea de conceitos, máximas e brocardos de João Guimarães Rosa*. Sel. e pref. de Paulo Rónai. Rio de Janeiro: Salamandra/MPM, 1983.

_____. *Tutameia*. 7ª ed. Rio de Janeiro: Nova Fronteira, 1985.

_____. *Ficção completa*. Rio de Janeiro: Nova Aguilar, 1995.

_____. *Correspondência com seu tradutor alemão Curt Meyer-Clason*. Rio de Janeiro: Nova Fronteira/ Editora da UFMG, 2003.

_____. *Correspondência com seu tradutor italiano Edoardo Bizzarri*. São Paulo: Instituto Cultural Ítalo-Brasileiro, 2003.

_____. *Corpo de baile*. Ed. comemorativa de 50 anos. Rio de Janeiro: Nova Fronteira, 2006.

_____. *Grande sertão: veredas*. 22ª ed. São Paulo: Companhia das Letras, 2019.

BIBLIOGRAFIA SECUNDÁRIA

Aristóteles. *Poética*. Trad. de Paulo Pinheiro. São Paulo: Editora 34, 2015.

Arrigucci Jr., Davi. "O mundo misturado: Romance e experiência em Guimarães Rosa". *Novos Estudos Cebrap*, São Paulo, n. 40, pp. 7-29, nov. 1994.

_____. "O mundo misturado: Romance e experiência em Guimarães Rosa". In: Rosa, João Guimarães. *Grande sertão: veredas*. 22ª ed. São Paulo: Companhia das Letras, 2019.

Barthes, Roland. *Crítica e verdade*. Trad. de Leyla Perrone-Moisés. São Paulo: Perspectiva, 2007.

Benjamin, Walter. *Obras escolhidas*. 7.ª ed. Trad. de Sergio Paulo Rouanet. São Paulo: Brasiliense, 1994. v. 1.

Bolle, Willi. "O pacto no *Grande sertão*: Esoterismo ou lei fundadora?". *Revista USP*, São Paulo, n. 36, pp. 26-45, 1997.

_____. *grandesertão.br: O romance de formação do Brasil*. São Paulo: Editora 34, 2004.

Campos, Augusto de. "Um *lance de 'dês'* do *Grande sertão*" [1959]. In: _____. *Poesia Antipoesia Antropofagia & Cia*. São Paulo: Companhias das Letras, 2015.

Candido, Antonio. "O homem dos avessos". In: _____. *Tese e antítese*. Rio de Janeiro: Ouro sobre Azul, 2006.

Cavalcanti Proença, Manuel. *Augusto dos Anjos e outros ensaios*. Rio de Janeiro: José Olympio, 1959.

Coutinho, Eduardo. *Em busca da terceira margem*. Salvador: Casa de Jorge Amado, 1993.

_____. "O logos e o mythos no universo narrativo de *Grande sertão: veredas*". *Scripta*, Belo Horizonte, v. 5, n. 10, pp. 112-21, 1.º sem. 2002.

Daniel, Mary. *João Guimarães Rosa: Travessia literária*. Rio de Janeiro: José Olympio, 1968.

Deleuze, Gilles. *Diferença e repetição*. Trad. de Luiz Orlandi e Roberto Machado. Rio de Janeiro: Paz e Terra, 2018.

Galvão, Walnice. *As formas do falso*. São Paulo: Perspectiva, 1972.

_____. *Mitológica rosiana*. São Paulo: Ática, 1978.

Lages, Susana Kampff. *João Guimarães Rosa e a saudade*. São Paulo: Ateliê Editorial; Fapesp, 2002.

Leite, Dante Moreira. *O amor romântico e outros temas*. São Paulo: Editora Nacional; Edusp, 1979.

Lorenz, Günter. "Diálogo com Guimarães Rosa". In: Rosa, João Guimarães. *Ficção completa*. Rio de Janeiro: Nova Aguilar, 1995. v. I, p. 47.

Lukács, Georg. *A teoria do romance*. Trad. de José Mariani de Macedo. São Paulo: Editora 34, 2003.

Marques, Oswaldino. *Ensaios escolhidos*. Rio de Janeiro: Civilização Brasileira, 1968.

Martins Costa, Ana Luiza. "Rosa, leitor de Homero". *Revista USP*, São Paulo, n. 36, pp. 46-73, dez./fev. 1997/98.

_____. "Homero no *Grande sertão*". *Kléos*, n. 5-6, pp. 79-124, 2001/02.

_____. "Diadorim, delicado e terrível". *Scripta*, Belo Horizonte, v. 5, n. 10, pp. 38-52, 1.º sem. 2002.

_____. "Veredas de Viator". *Cadernos de Literatura Brasileira*, n. 20-21, dez. 2006, pp. 10-58.

_____. "Via e viagens: A elaboração de *Corpo de baile* e de *Grande sertão: veredas*". *Cadernos de Literatura Brasileira*, n. 20-21, pp. 187-235, dez. 2006.

Meneses, Adélia Bezerra de. "*Grande sertão: veredas* e a psicanálise". *Scripta*, Belo Horizonte, v. 5, n. 10, pp. 21-37, 1.º sem. 2002.

Montaigne, Michel de. *Les Essais*. Org. de Villey-Saulnier. Paris: PUF, 1998.

_____. *Os ensaios: Livro II*. Trad. de Rosemary Costhek Abilio. São Paulo: Martins Fontes, 2006.

Nietzsche, Friedrich. *Sämtliche Werke. Kritische Studienausgabe*. München: DTV, 1980.

_____. *Assim falou Zaratustra*. Trad. de Mário da Silva. Rio de Janeiro: Bertrand Brasil, 1989.

_____. *Cinco prefácios para cinco livros que não foram escritos*. Trad. de Pedro Süssekind. Rio de Janeiro: 7Letras, 2000.

_____. *Sobre verdade e mentira*. Trad. de Fernando Barros. São Paulo: Hedra, 2007.

Nunes, Benedito. "Literatura e filosofia: *Grande sertão: veredas*". In: Lima, Luiz Costa. *Teoria da literatura em suas fontes*. 2.ª ed. Rio de Janeiro: Francisco Alves, 1983.

_____. *O dorso do tigre*. São Paulo: Editora 34, 2009.

_____. *A Rosa o que é de Rosa: Literatura e filosofia em Guimarães Rosa*. Rio de Janeiro: Difel, 2013.

Platão. *Teeteto e Crátilo*. Trad. de Carlos Alberto Nunes. Belém: UFPA, 1973.

Roncari, Luiz. "A canção de Siruiz/Ziuris". *Teresa: Revista de Literatura Brasileira*, São Paulo, n. 4-5, pp. 283-95, 2004.

Rosenfield, Kathrin Holzermayr. *Os descaminhos do demo: Tradição e ruptura em Grande sertão: veredas*. Rio de Janeiro: Imago, 1993.

Santiago, Silviano. *Genealogia da ferocidade*. Recife: Cepe, 2017.

Schwarz, Roberto. "Grande Sertão e Dr. Faustus". *A sereia e o desconfiado*. Rio de Janeiro: Civilização Brasileira, 1965.

_____. "Grande sertão: A fala". In: Rosa, João Guimarães. *Grande sertão: veredas*. 22ª ed. São Paulo: Companhia das Letras, 2019.

Schüler, Donaldo, "O épico em *Grande sertão: veredas*", In: Cesar, Guilhermino et al. *João Guimarães Rosa*. Porto Alegre: Faculdade de Filosofia, Universidade Federal do Rio Grande do Sul, 1969.

Secchin, Antonio Carlos et al. *Veredas no sertão rosiano*. Rio de Janeiro: 7Letras, 2017.

Shakespeare, William. *Romeu e Julieta*. Trad. de José Francisco Botelho. São Paulo: Penguin Classics Companhia das Letras, 2016.

Utéza, Francis. "O *opus magnum* oriental-ocidental". *Cadernos de Literatura Brasileira*, v. 12, n. 20-21, pp. 245-61, 2006.

Vasconcelos, Sandra Teixeira. "Os mundos de Rosa". *Revista USP*, São Paulo, n. 36, pp. 78-87, dez./fev. 1997/98.

Wittgenstein, Ludwig. *Investigações filosóficas*. Trad. de João José R. L. de Almeida. Curitiba: Horle, 2022. Disponível em: <www.wittgensteintranslations.org/IF/IF_Ebook_digital.pdf>. Acesso em: ago. 2024.

AGRADECIMENTOS

Cada parte deste livro contou com a ajuda de colaboradores aos quais sou muito grato, porque nunca teria escrito os ensaios aqui reunidos sem me basear nas indicações e nos comentários deles, feitos em conversas, textos, aulas ou grupos de estudo.

Minhas considerações sobre a *Odisseia* devem muito ao que aprendi a partir da interlocução com o homerista Antonio Orlando Dourado Lopes, professor da Universidade Federal de Minas Gerais (UFMG). Do mesmo modo, a seção sobre *Rei Lear* teve a colaboração preciosa de minha amiga Fernanda Medeiros, grande conhecedora da obra de Shakespeare e supervisora do estágio de pós-doutorado que fiz no programa de pós-graduação em literatura inglesa da Universidade do Estado do Rio de Janeiro (UERJ). Quanto aos estudos sobre Guimarães Rosa, sempre sigo trilhas indicadas pelos textos de Ana Luiza Martins Costa, lembrando-me da leitura que fizemos do romance junto com Roberto Machado, Ovídio Abreu e Bruno Lara Resende.

Agradeço também a Pedro Duarte, pela leitura e comentário dos ensaios, e aos meus alunos que participaram dos cursos de graduação e pós-graduação que ministrei, nos últimos anos, sobre a *Odisseia*, *Rei Lear* e *Grande sertão: veredas*.

O apoio do CNPq, na forma de Bolsa de Produtividade, foi fundamental para o desenvolvimento das pesquisas que resultaram neste livro.

SOBRE O AUTOR

Pedro Süssekind Viveiros de Castro (Rio de Janeiro, 1973) é professor no Departamento de Filosofia da Universidade Federal Fluminense (UFF) e pesquisador do Conselho Nacional de Desenvolvimento Científico e Tecnológico (CNPq). Doutorou-se em filosofia pela Universidade Federal do Rio de Janeiro (UFRJ) em 2005, após estágio de pesquisa no Departamento de Literatura Comparada da Freie Universität, em Berlim. Entre suas publicações, destacam-se os livros *Shakespeare, o gênio original* (Zahar, 2008), *Teoria do fim da arte* (7Letras, 2017) e *Hamlet e a filosofia* (7Letras, 2021). Também é autor de três obras de ficção: o livro de contos *Litoral* (7Letras, 2004) e os romances *Triz* (Editora 34, 2011) e *Anistia* (HarperCollins Brasil, 2022).

SOBRE A COLEÇÃO

*O que se pode fazer, enquanto filosofia e poesia estão separadas,
está feito, perfeito e acabado. Portanto, é tempo de unificar as duas.*
   Friedrich Schlegel

Na tradição ocidental, deu-se por certa a separação entre Filosofia e Literatura, tendo-se como consequência um entendimento histórico que cindia, de um lado, a mente, a reflexão ou a razão, e, de outro lado, o corpo, a criação ou a emoção. Perdia-se, assim, a possibilidade de um conhecimento que, em vez de separar, aproximasse Filosofia e Literatura, perguntando-se: mas escritores não filosofam, e filósofos não escrevem?

Os Ensaios Abertos desta coleção surgiram da vontade de explorar como, apesar da conhecida crítica metafísica que a Filosofia dirigiu à Literatura, elas não cessaram de se aproximar, em especial desde a Modernidade. Nessa exploração, a forma do ensaio desponta por sua capacidade de atrelar diferentes áreas, como a política e a ética, em um exercício de escrita que faz a filosofia e a literatura encontrarem-se.

A coleção Ensaio Aberto resulta de uma parceria originada no âmbito do Programa de Internacionalização da Capes (Capes-Print) entre a Universidade NOVA de Lisboa e a Pontifícia Universidade Católica do Rio de Janeiro, sob coordenação da investigadora Tatiana Salem Levy (NOVA) e do professor Pedro Duarte (PUC-Rio). O financiamento é realizado pela República Portuguesa através da FCT — Fundação para a Ciência e a Tecnologia, no âmbito do projeto 380 183 do Instituto de Filosofia da NOVA. A seleção de manuscritos se dá por meio de revisão por pares em sistema duplo-cego. A publicação é feita pelas editoras Tinta-da-china, em Lisboa, e Tinta-da-China Brasil, em São Paulo.

A COLEÇÃO

A parte maldita brasileira — Literatura, excesso, erotismo, Eliane Robert Moraes
Não escrever [com Roland Barthes], Paloma Vidal
O mar, o rio e a tempestade — Sobre Homero, Rosa e Shakespeare, Pedro Süssekind

© Pedro Süssekind Viveiros de Castro, 2024
Esta edição segue o Novo Acordo Ortográfico da Língua Portuguesa
1ª edição: nov. 2024 • 800 exemplares

Coordenadores da coleção: Pedro Duarte • Tatiana Salem Levy
Edição: Mariana Delfini • Paulo Werneck
Preparação: Tamara Sender
Revisão: Karina Okamoto • Luiza Gomyde • Henrique Torres • Gabriel Joppert • Miguel Nassif
Composição e capa: Tinta-da-china (Pedro Serpa)

DADOS INTERNACIONAIS DE CATALOGAÇÃO NA PUBLICAÇÃO (CIP) DE ACORDO COM ISBD

S964m   Süssekind, Pedro
        O mar, o rio e a tempestade: sobre Homero, Rosa e Shakespeare / Pedro Süssekind ;
        coordenado por Tatiana Salem Levy, Pedro Duarte. - São Paulo : Tinta-da-China Brasil, 2024.
        216 p. ; 13cm x 18,5cm. – (Coleção Ensaio Aberto ; v.3)

        Inclui bibliografia.
        ISBN 978-65-84835-32-0

        1. Literatura. 2. Ensaio. 3. Filosofia. 3. Crítica literária. 4. Odisseia. 5. Rei Lear. 6. Grande
        sertão: veredas. 7. Homero. 8. William Shakespeare. 9. Guimarães Rosa. I. Levy, Tatiana
        Salem. II. Duarte, Pedro. III. Título. IV. Série.

                                      CDD   809
       2024-3042   CDU   82.09

Elaborado por Vagner Rodolfo da Silva - CRB-8/9410

ÍNDICES PARA CATÁLOGO SISTEMÁTICO
1. Literatura: crítica literária 809
2. Literatura : crítica literária 82.09

TINTA-DA-CHINA BRASIL

DIREÇÃO GERAL Paulo Werneck • Victor Feffer (assistente)
DIREÇÃO EXECUTIVA Mariana Shiraiwa
DIREÇÃO DE MARKETING E NEGÓCIOS Cléia Magalhães
EDITORA EXECUTIVA Sofia Mariutti
COORDENADORA DE ARTE Isadora Bertholdo
DESIGN Giovanna Farah • Beatriz F. Mello (assistente) • Sofia Caruso (estagiária)
ASSISTENTE EDITORIAL Sophia Ferreira
COMERCIAL Lais Silvestre • Leandro Valente • Paulo Ramos
COMUNICAÇÃO Clarissa Bongiovanni • Yolanda Frutuoso • Livia Magalhães (estagiária)
ATENDIMENTO Joyce Bezerra • Victoria Storace

Tinta-da-China Brasil/Associação Quatro Cinco Um
Largo do Arouche, 161 sl. 2
República • São Paulo, SP • Brasil
E-mail: editora@tintadachina.com.br
www.tintadachina.com.br

Edições Tinta-da-china
Palacete da Quinta dos Ulmeiros
Alameda das Linhas de Torres, 152 • E.10
1750-149 Lisboa • Portugal
Tels.: 21 726 90 28
E-mail: info@tintadachina.pt
www.tintadachina.pt

Este livro foi composto em caracteres CrimsonPro e Tanker.
Foi impresso na Ipsis, em papel pólen natural de 80 grs. durante o mês de outubro de 2024.